부모 십(十)계명

부모 십(十)계명

지은이·박재화
펴낸이·성상건
편집디자인·자연DPS

펴낸날·2025년 2월 25일
펴낸곳·도서출판 나눔사
주소·(우) 10270 경기도 고양시 덕양구 푸른마을로 15
       301동 1505호
전화·02)359-3429   팩스 02)355-3429
등록번호·2-489호(1988년 2월 16일)
이메일·nanumsa@hanmail.net

ISBN 978-89-7027-836-0 03230

값 8,000원

잘못된 책은 바꾸어 드립니다.

부모 십(十)계명

– 행복한 부모, 행복한 자녀 길잡이 –

박재화 목사 지음

사교육 없이 하나님 말씀만으로 자녀를 양육하여 전교 1등을
유지하고 하나님의 비전을 행복하게 이루어가는 신앙과 삶의
이야기

　박재화 목사의 〈부모 십(十)계명〉은 오랫동안 기다려 온 책입니다. 부모와 자녀교육에 관한 많은 책이 있지만 이 주제에 관해 책을 쓸 수 있는 가장 적합한 분이 바로 저자이기 때문입니다. 저자는 기독교교육전문가로서 긴 세월 교회교육 현장에서 부모들과 자녀들을 교육하였을 뿐 아니라 저자의 가정에서 자녀들을 성경의 원리대로 양육한 경험에 근거하여 부모를 위한 열 가지 원리를 알차게 소개하고 있습니다. 이 책은 성경에 등장하는 열 명의 부모를 통해서 하나님의 교육 원리를 깨닫도록 도와주며, 이 원리대로 자녀를 양육했던 저자의 생생한 간증을 통해 우리의 삶 속에서 실천할 수 있도록 안내합니다. 정말 쉽고 재미있고 유익한 책이며, 그러면서 마음 속에 주님이 주시는 은혜가 넘치게 되는 책입니다. 열 가지 부모의 계명을 읽어나가다 보면 하나하나 깊이 공감이 되며 어느새 눈에는 눈물이 고이게 되는 책입니다. 각각의 계명별로 결단과 실천을 돕는 질문이 있어서 그룹으로 나누기 좋은 책이기도 합니다. 부모 교육을 하기 원하는 모든 교역자들은 물론 한국교회의 모든 부모들이 읽어야 할 자녀 교육 필독서입니다. 이 책을 통해 수많은 부모들이 하나님이 약속하신 성경적인 자녀교육의 복을 누리게 되기를 기대합니다.

박상진 교수(장로회신학대학교 명예교수, 한동대학교 석좌교수)

본이 되는 그리스도인 부모가 되는 길을 밝히 안내하는 탁월한 안내서

오래 전에 "우리 아이가 달라졌어요"(우아달)라는 TV 프로그램이 인기리에 방영된 적이 있었고, 지금은 '금쪽 상담소'라는 프로로 같은 내용이 방영되고 있습니다. 결국은 두 가지 다 자신의 자녀가 어찌할 수 있는 '문제아'라고 판단하여, 유명한 전문가에게 상담받는 전과정을 소개하는 프로그램입니다. 그런데 아이들의 상태도, 해법도 다양하지만, 결론의 핵심은 동일합니다. 그것은 얼핏보면 아이들에게 문제가 있어서 문제가 있는 것 같지만,

실상은 먼저 부모가 아이와의 관계에서 문제를 제공하였기에, 즉 '문제 부모'이기에 아이에게 문제가 생겼다는 것입니다. 그래서 부모가 자신의 문제를 깨닫고, 자신의 자녀를 새로운 시선으로 바라보며, 자신의 문제를 고쳐가면서 바른 부모가 되면, 그 아이도 달라진다는 것입니다. 그래서 본인은 그 처음 프로그램의 이름도 "우리 엄마,아빠가 달라졌어요"로 했었어야 되지 않았나 생각해 보았습니다. 자녀문제 해결, 순서가 바뀌어야 된다는 것입니다.

칼럼니스트 반 부렌(Van Buren)이 쓴 '부모의 기도'라는 유명한 기도문이 있습니다.

"오,하나님, 저로 훌륭한 부모가 되게 하여 주시옵소서. 제 자녀를 이해할 수 있게 하시며, 그들의 모든 질문에 부드럽게 대답할 수 있도록 하여 주시옵소서. 저로 하여금 그들의 생각을 가로막거나 꾸짖지 말게 하시고, 그들이 어리석은 행동을 하거나 실수를 할 때에 비웃지 않도록 하여 주시옵소서. 그리고 제 자신의 만족이나 권위를 내세우려고 그들을 나무라는 일이 없도록 하여 주시옵소서. 매순간 마다 저의 말과 행동을 통하여 정직함이 옳음을 알려줄 수 있게 하여 주시옵소서.제가 기분이 언짢을 때에 저의 입술을 지켜주시고, 그들이 어린이라는 것과 그들이 어른과 같이 행동할 수 없다는 것을 항상 기억하게 하여 주시옵소서. 그들 자신이 스스로 결정을 내릴 때까지 기회를 허락할 수 있도록 저에게 참을성을 주시고 그들 스스로가 옳고 그름을 판단할 수 있게 하여 주시옵소서. 저를 정직하며 바르며 친절한 부모가 되게 하여 주시고, 그들에게 존경받고, 본이 되는 부모가 되게 하여 주시옵소서".

이번에 그러한 절실한 기도, "하나님, 제가 먼저 성경적으로 본이 되는 부모가 되도록 인도하여 주시옵소서"라는 기도에 응답이라도하듯, 거기에 부응하는 성경적이고, 복음적이고, 실천적인 안내서인 《부모 십계명》이라는 귀중한 책이, 시의적절하게 책의 내용과 잘 어울리는 박재화목사님에 의해 집필, 출판되어, 한국 교회 앞에 오롯이 선을 보이게 되었습니다.

저자는 성경에서 열가지 상황에 처한 열 사람(부모)를 선택하여,관련된 본문들을 통하여 그들 부모들이 자녀들과의 관계에서 어떻게 말씀(계명)의 기준에 입각하여 바르게 양육했는지, 또는 그렇지 못했는지를 분석하여, 그 성경속의 부모들에게 본 받을 점들과 반면교사로 삼아야 할 점들을 제시하고 안내합니다. 그리고 특별히 적용 부분에서는 먼저 저자 자신의 성공적인, 그리고 실패한 부분들도 진솔하게 나누고 있습니다. 즉 저자 자신이 남편과 함께 친정 모친으로 부터 물려 받은 신앙을 잘 적용하여, 두 딸을 기르면서, 잘 한 점들과 못한 점들까지도 그대로 소개하고 있습니다. 그래서 저자 내외가 실제로 부모와 자녀들이 복음과 계명안에서 함께 성장해 가는 실제적인 모습을 생생하게 소개함으로, 최초 독자중에 한 사람인 본인에게도 엄청난 감동과 회개, 도전을 받게 해 주었습니다. 그러한 이유로 본 추천자는 지금 실제로 자녀문제의 깊은 고민을 안고 살아가는 이 땅의 그리스도인 부모들은 물론, 비신자 부모들에게도 실제적 도움과 함께, 신앙적 도전까지 주게 되리라 믿습니다. "아, 먼저 부모인 내가 달라지면,내 아이도 변화될 수 있겠구나"라는 도전과 용기를 주는 책이 되리라 확신합니다.

저자가 로이스와 같은 경건한 신앙의 어머니의 딸로 태어나, 어려서 부터 성경과 교회, 복음 중심으로 사는 중, 믿음의 남편과 결혼하여 유니게와 같이 선물로 받은 두 딸을 디모데와 같이 잘 키우고 있기에, 다음세대 목회에 전념하는 지성, 영성, 경험, 사랑을 균형되게 갖춘 가운데서 기도하는 중, 집필되어 나온 책이기에 신뢰할 만한 책이라고 생각합니다.

따라서 이 책은 자녀를 기르는 부모들은 물론, 부모교인들을 섬기는 목회자들, 부모가 보낸 어린이, 청소년들을 지도하는 교역자들이 읽고, 적용해야 할 '본된 그리스도인 부모가 되도록 안내하는 탁월한 해설서'요, 항상 성경책 가까이 두어 새롭게 읽고 적용해야 할 "소중한 부모 십계명 해설집"이라고 확신하기에, 기쁨으로 그리고 강력하게 추천합니다.

김충렬 목사 (영세교회 원로)

「부모 십계명」은 교회교육 현장에서 다년간 사역한 목회자요, 교육자요, 두 딸을 말씀대로 키워온 어머니가 쓴 실제적인 자녀

교육의 지침서입니다. 특히 사교육 없이 하나님 말씀으로 자녀를 양육하여 하나님의 비전을 이루며 살도록 양육시킨 부모의 증명된 내용입니다. 따라서 하나님이 주신 소중한 자녀를 행복한 자녀로 키우기 원한다면 이 책을 옆에 두고 읽으며 그대로 실행하면 될 것입니다.

이 책이 매력적인 이유는 책에서 저자가 말하는 10가지 원리는 사람의 머리에서 나온 것이 아니라 성경에서 찾아낸 원리라는 점입니다. 물론 많은 성도들에게 익숙한 본문에서 나왔기에 이미 다 알고 있는 것으로 착각하기 쉽습니다. 그러나 내용이 익숙하다고 그냥 저절로 적용되는 것은 아닙니다. 10가지 원리 모두 부모 본인의 신앙결단과 직결 되어 있기 때문입니다. 결국 10가지 원리는 자녀 양육의 원리이지만 그에 앞서서 부모가 하나님 앞에서 성숙하는 원리이기도 합니다.

그래서 저자는 '행복한 부모, 행복한 자녀 길잡이'라는 부제를 단 것입니다. 하나님의 말씀을 자신에게 적용한 부모는 행복한 부모가 될 것이고, 그런 부모는 자녀를 성경적 원리에 따라 행복하게 양육하게 될 것입니다. 이는 저자의 어머니가 그랬고 저자역시 그랬습니다. 그래서 저자는 다음과 같이 고백하고 있는 것입니다.

"어린 시절을 돌아보면 우리 집은 늘 교회 가까이 살았던 기억이 있습니다. 어머니께서는 새벽 기도를 한 번도 빠지지 않고 다니셨고 교회를 다녀오셔서는 저희들 머리에 손을 얹고 기도를 해 주셨습니다. 잠결에 들리는 엄마의 소곤거리는 기도 소리가하루를 보장해 주는 든든함이었습니다."

이런 신앙의 유산은 저자의 딸에게도 그대로 전해져 큰 딸이불의의 사고로 오랫동안 병원 치료를 받을 때, 평소 저자가 하나님을 믿고 기도하자는 말을 많이 해서 딸 역시 하나님을 믿고 기도하게 되었다고 고백하게 만든 것입니다. 마치 로이스의 신앙이 그의 딸 유니게로, 그리고 그 신앙이 아들 디모데에게 전수 되듯이 부모의 신앙은 자녀의 신앙으로 이어지는 것입니다. 하여저자는 첫 번째 원리는 부모가 삶으로 보여주는 것이며, 마지막원리로 믿음을 물려주라고 강조하는 것입니다.

분명 자녀들은 부모의 신앙을 보고 자라기에 행복한 부모가 행복한 자녀를 만드는 것입니다. 그러니 저자의 가정처럼 행복한 부모가 되어 행복한 자녀로 양육하고 싶다면 이 책을 읽고 그대로 적용하기를 추천합니다.

이상용 목사 (미래를사는교회)

거룩한 가정을 위한 필독서!

우리는 부모로서 자녀를 사랑하고 바르게 키우기를 원하지만, 때로는 어떻게 해야 할지 몰라 고민할 때가 많습니다. 박재화 목사님의 《부모 십계명》은 이러한 고민에 대한 명확한 해답을 제시하는 탁월한 책입니다. 이 책은 성경적 원리를 바탕으로 부모가 자녀를 양육할 때 지켜야 할 중요한 가르침을 체계적으로 정리하고 있습니다. 단순한 이론이 아니라, 실제적인 적용 방법과 깊이 있는 통찰이 담겨 있어 누구나 쉽게 이해하고 실천할 수 있도록 구성되었습니다.

특히, 《부모 십계명》은 단순한 자녀 교육서가 아니라, 거룩한 가정을 세우는 상비약과도 같은 책입니다. 이 책을 읽으며 부모로서 가져야 할 바른 가치관과 태도를 점검하게 되고, 하나님이 기뻐하시는 가정을 이루기 위한 지혜를 얻게 됩니다. 부모가 되는 것은 단순한 역할이 아니라 하나님께서 맡기신 사명입니다. 그렇기에 우리는 더욱 말씀을 따라 바르게 양육해야 합니다. 이 책은 그러한 사명을 감당할 수 있도록 돕는 반드시 읽어야 할 필독서입니다. 이 시대의 모든 부모들에게 강력히 추천합니다. 이 책을 통해 가정이 회복되고, 부모가 변화되며, 다음 세대가 믿음 안에서 성장하는 은혜가 있기를 간절히 바랍니다. 끝으로 존경하고 사랑하는 귀한 목사님의 출간에 축하하며 응원합니다.

'예수님의 기도 십계명' 저자, **김동기** 목사

   다음세대 어린이 청소년을 일으키는 글로벌 4/14윈도우운동 출범 행사(summit)가 2009년도 New York에서 열렸다. 이듬해에 4/14윈도우 글로벌 컨퍼런스를 한국(할렐루야교회)에서 개최하였고, 2011년부터는 그간 공론화를 꺼려 온 '한국의 다음세대가 처한 위기'에 대해 변혁한국, 이어 4/14윈도우한국연합이 선포하고 다양한 방법으로 대책을 논의해 왔다. 몇 년 후에야 가정친화적 교회, 곧 교회가 부모 조부모를 제자화하고 그들이 다음세대를 제자화할 것이 한국교회에 절실함에 대해 집중하게 되었다. 이런 측면에서 다음세대를 사랑하시는 좋은 지도자 박재화 목사님의 동역 시작은 하나님의 큰 은혜였다. 언제나 열린 마음으로 솔선수범하며 협력하셨고, 온유하고 겸손한 섬김으로 4/14연합의 실행위원회에 참신한 관점 제시와 활기를 불어넣어 주셔서 감사가 넘쳤다.

　이번에 펴내시는 "부모 십계명"을 먼저 읽어볼 수 있는 특권을 누렸다. 엄선한 주제 설명과 관련 성경 말씀의 제시, 기도의 어머니로부터 받은 신앙과 자신의 가정 자녀 교육의 모범 사례를 제공, 결단하고 헌신할 수 있는 여백의 공유로써 실천적으로 활용될 수 있는 이 책을 모든 조부모와 가정을 꾸릴 젊은 청년들에게 기쁨으로 추천한다. 마치 운전 면허 없이 자녀 양육에 뛰어드는 형국의 한국 교회의 부모에게 다음세대 양육에 꼭 필요한 좋은 지침서라는 것을 절실히 느꼈기 때문이다.

허종학 선교사 (4/14윈도우한국연합 상임대표)

　결혼하고 두 자녀를 키우면서 하나님께서 주신 자녀를 잘 키워야 한다는 마음은 있었지만 어떻게 잘 키워야 할지 막막했습니다. 세상적으로 자녀를 학습하고 지도하는 방법은 많았지만 정작 성경적으로 잘 키우는 길을 가르쳐 주는 것은 많질 않았습니다.

　성경을 읽으면서 따라 하면 좋지만 어린 자녀를 양육하면서 사역을 하다 보니 마음만 분주해졌습니다. 지금 돌아보면 아이들이 어렸을 때에는 새벽기도에서 부모로서의 무지와 무능력으로 많이 울었던 것 같습니다. 행여 하나님의 보물인 아이들에게 상처를 줄까봐, 부모의 신앙적 무지로 인해 하나님의 방법이 아닌 내 방법이 될까봐 조심스럽기만 했습니다.

　그렇게 한 걸음, 한 걸음 휘청거리고 걸었지만 하나님께서는 긍휼히 여기시고 두 자녀를 사랑스럽게도 키워주셨습니다.

그 은혜가 너무도 감사하여 무엇으로 보답을 드릴까 고민하던 중 지난 시절의 저와 같이 자녀 양육을 고민하는 부모님들이 있을 것 같아서 같은 마음을 나누고자 적어보았습니다. 학문적으로나 경험적으로 많이 부족하지만 하나님을 의지하고 인내하면 지혜도 주시고 키워주시니 저와 같은 고민을 하는 한 사람이 있다면 이 글을 통하여 자신감을 얻고 힘을 내시길 소망합니다.

아직도 가야 할 자녀 양육의 길은 끝이 없지만
그래도 행복한 것은 주님 손이 붙잡고 있기 때문입니다.
주님의 말씀이 우리 자녀를 감싸고 있기 때문에 불안하지
않습니다.

부모라는 이름은 주님의 은혜로 주어진 것이기에
꽃길이 아닌 가시밭길일지라도 그 길에는 하늘 향기가
있어서 오늘도 소망을 품고 달려갑니다.

이 글이 나오기까지 오랜 시간 저를 다듬어 주신 하나님 내 아

버지께 감사드리고 앞서 가시며 부모의 길을 손수 보여주신 천국에 계신 우리 엄마께 이 글을 올려 드립니다.

그리고 기도와 가르침으로 인도해 주신 박상진교수님, 김충렬 목사님, 김동기 목사님, 허종학 상임대표님을 비롯한 동역과 중보로 함께 해 주신 분들께 감사드립니다.

아울러 참된 목회의 길이 어떤 것인지 지도해 주시고 연약함도 격려해 주시는 미래를사는교회 임은빈 원로목사님과 이상용 담임목사님께 감사를 드립니다. 또한 함께 다독이며 주님의 길을 가는 미래를사는교회 우리 성도님들의 사랑에 감사를 드립니다.

이 글이 완성될 수 있었던 것은 제 목회의 길에, 그리고 엄마라는 길에, 아내라는 길에 든든하게 지지해주고, 기도해주며 사랑으로 격려해 준 우리 가족들이 있었기 때문입니다.
사랑하고 고맙습니다.

2025년 2월 지니둘이 있어 행복한 마미

▍차 례 ▍

| 들어가는 말 |

　그리스도인 부모는 자녀가 하나님 안에서 잘되기를 바라는 마음이 동일할 것입니다. 오직 하나님을 사랑하고 예수님의 성품을 닮은 자녀로 자라기를 바랍니다. 그러나 바쁜 일상 속에 마음은 간절하지만 마음만큼 자녀에게 많은 사랑을 주기도 어려워서 답답해 합니다.

　"가정 신앙 및 자녀 신앙 교육에 관한 조사"에서 자녀의
　신앙 계승에 대하여

　부모보다 더 신앙생활을 잘 할 것 같다(19%),
　부모와 비슷하게 신앙생활을 할 것 같다(47%),
　부모의 신앙을 이어받겠지만 부모보다 신앙생활은
　잘 못 할 것 같다 및 신앙생활을 전혀 하지 않을 것 같다
　(27%)로 집계되었습니다.

또한 자녀에게 하는 교육 중 신앙 교육이 가장 뒤처지는 결과도 나타났습니다.

인성교육(예의범절, 인간관계, 생활태도) 94%
지성교육(학습, 재능 기술개발) 79%
진로교육(소명, 적성, 진로탐색) 69%
신앙교육(성경, 교리, QT, 기도 전도 등) 59%
※ 자료출저 : 한국FCJ가정의 힘, '가정신앙 및 자녀 신앙 교육에 관한 조사'

코로나를 지나면서 자녀 신앙 교육은 더욱 어려워졌다는 말을 많이 합니다. 3년의 시간을 교회에서 예배드리는 것이 사라져버린 교회학교 예배 방법이 아이들에게 교회를 떠나게 만든 이유가 되기도 합니다. 그러다보니 가정의 중요성이 더욱 강화되었지만 정작 부모는 자녀의 신앙 교육을 어떻게 해야할 지 난감한 상태였습니다.

어느 순간 주일 예배가 가정에서도 사라지고 점점 신앙을 버린 아이들이 많아지게 된 것입니다. 그러나 자녀의 신앙을 염려

하고 자녀들이 믿음으로 바로 서기를 원하는 부모들이 있는한 자녀의 신앙은 회복되고 더욱 성장할 것입니다.

이 책은 자녀의 신앙을 고민하고 믿음으로 잘 자라기를 바라는 부모님의 마음에 조금이나마 보탬이 되고자 적어 보았습니다. 필자도 사랑스러운 자녀들이 세상에 마음을 빼앗기지 않고 다니엘처럼 믿음을 잘 지켜 나가길 간절히 기도하며 양육을 했기에 작은 마음이나마 함께 나누고자 합니다.

자녀는 내 소유물이 아닌, 하나님께서 부부를 믿고 맡기신 하나님의 보물임을 믿기에 더욱 잘 자라기를 바랍니다. 그리고 하나님을 더욱 사랑하며 자라기를 바랍니다. 다윗처럼 하나님 마음을 흡족하게 해 드리는 자녀로 자라기만을 간절히 바랍니다. 그렇기에 청지기로 부름받은 부모의 어깨가 무겁습니다. 그러나 지혜도, 사랑도, 능력도 주님께서 공급해 주시고 넉넉히 감당하도록 힘을 주실테니 주님을 바라보고 담대하게 가시길 축복합니다.

자녀의 이름을 주님 손에 올려드리며 엎드리는 부모를 하나님은 외면하지 않으시고 앞서 인도해 주십니다.

　　부모 십(十)계명은 부모가 알고 행해야 할 열 가지의 계명이기도 하지만 예수님께서 지신 십자가의 사랑을 담아 양육해야 하는 것도 의미합니다.

　　예수님께서 우리를 구원하시기 위하여 모진 고통을 참으셨던 것처럼 우리의 자녀가 예수님의 성품으로 잘 자라도록 기도와 인내와 헌신으로 승리하는 부모가 되어야 합니다.

　　지금은 교회마다 다음 세대가 사라져가고 있고, 신앙으로 자녀를 양육하는 가정마저 줄어들고 있는 실정입니다. 그것은 개척교회나 성도 수가 적은 교회만이 아니라 초대형 교회를 이루고 있는 현장에도 다음 세대를 찾아보는 것은 어려운 일이 되었습니다.

　　이런 배경에는 저출산 등 사회적인 요인 등 여러 가지 원인이 있겠지만 교회교육에만 아이들의 신앙을 맡기고 가정에서 신앙교육에는 집중을 하지 못한 이유를 꼽을 수 있습니다.

자녀 신앙의 우선 책임은 부모에게 있는 것인데 맞벌이를 하는 가정이 늘어나고 자녀와의 대화 시간이 줄어들면서 신앙 교육에도 큰 영향을 미치게 된 것입니다.

성경에는 부모 교육과 자녀 양육에 관련된 많은 교훈이 담겨 있습니다.

잠언 22장 6절에는
"마땅히 행할 길을 아이에게 가르치라"
고 하며 자녀 교육의 중요성을 강조합니다.

잠언 1장 8절은
"내 아들아, 네 아버지의 훈계를 들으며 네 어머니의 법을 떠나지 말라"고 하여 자녀가 잘 자라기 위해서는 부모의 양육이 중요함을 말하고 있습니다.

부모는 자녀에게 성경적 지혜와 삶의 길을 가르쳐야 하며, 자녀가 성장함에 따라 계속해서 교육과 양육을 제공해야 합니다.

이 책은

성경에 나오는 여러 부모들의 사례를 통해 부모가 자녀를 어떻게 교육해야 하는지, 하나님께서 부모에게 주신 원칙들을 살펴보고 기독교적 자녀 교육에 관한 유용하고 은혜로운 가르침을 나누고자 합니다. 그리고 저희 가정에 주신 자녀를 양육하며 경험했던 일들을 통하여 연약한 부모 뒤에 능력으로 임하시는 하나님의 은혜도 함께 나누고자 합니다.

부모가 하나님을 경외하고 말씀으로 자녀를 양육하면
부모도 행복하게 자녀를 양육하게 되고
자녀도 하나님 안에서 행복하게 자랍니다.

이 책이

행복한 부모, 행복한 자녀의 길잡이로 쓰임받기를 소망합니다.

제 1계명 ♥ 삶으로 보여주라
「이삭의 아버지 아브라함」

하나님과 관계는 하나님을 신뢰하는 삶입니다.

우리는 아브라함의 이름을 떠올리면 "믿음의 조상"이라고 단번에 생각합니다. 왜냐하면 아브라함은 하나님께서 그와 그의 자손에게 약속하신 땅과 후손을 주시겠다고 하셨을 때 이를 믿고 순종했습니다 (창세기 12:1-3). 아브라함은 하나님과의 관계가 자신과 자녀의 삶에서 가장 중요한 요소라고 믿었고, 그 신뢰를 삶으로 이삭에게 전했습니다. 이삭도 아버지 아브라함의 신앙을 이어받았으며, 하나님과의 약속을 믿고 따라갔습니다.

이 신뢰가 있었기에 아브라함은 하나님께서 주신 명령을 순종하며 살았습니다.

아브라함의 하나님에 대한 신뢰를 보여주는 가장 대표적인 예화는 하나님이 아브라함에게 그의 아들 이삭을 번제로 바치라고 명령한 사건입니다 (창세기 22장). 100세에 낳은 아들이 이제는 자라서 아버지와 눈을 맞추고 이야기도 나누고 아버지의 위로와 기쁨이 되는 아들이 되었는데 어느 날 갑자기 하나님께서 그 아들을 제물로 바치라고 하시니 얼마나 마음이 힘들었겠습니까? 그럼에도 불구하고 아브라함은 하나님을 믿고 그 명령을 따르기로 결심하였고, 이삭을 데리고 모리아 산으로 올라갑니다.

　　성경은 이 부분을 자세히 기록하고 있지 않지만 부모라면 아브라함의 마음이 어떠했을지 짐작하게 됩니다. 100세에 낳은 아들이어서 이름까지 "웃음"이라고 지을 만큼 아들을 생각만 해도 웃음이 저절로 났을 것입니다. 그런 아들을 제물로 드리라고 하시는 하나님의 말씀 앞에 묻고 싶은 말이 얼마나 많았겠습니까? 꼭 이 방법밖에 없냐고, 다른 방법은 없으시냐고 물어보고 싶었을 것입니다. 제단에 드릴 제물을 태울 재료를 준비할 때는 행여 자신의 믿음대로 하님이 준비를 안 해 두시고 정말로 이삭을 제물로 드려야 할 일이 생기면 어쩌나 겁이 나지는 않았을까요? 사흘 길을 걸어가면서 제물은 어디 있느냐고 묻는 아들에게 아브라함은 대답합니다. "그것은 하나님께서 준비할 것이라고!"

자녀들의 신앙은 부모가 하나님과의 관계에 따라 영향을 받게 됩니다.

불안하고 두려운 상황에 놓여 있더라도 부모가 흔들리지 않고 하나님을 바라보며 나가면 자녀들도 그렇게 따라가는 용기를 얻게 됩니다. 그러나 부모가 하나님을 사랑하고 신뢰하는 관계가 하나님을 온전히 신뢰하지 못하거나 불안해 할 때 자녀도 하나님을 불안한 존재로 보게 됩니다.
하나님을 신뢰하는 부모의 모습을 보며 자녀도 하나님을 신뢰하며 자라게 됩니다.

하나님과의 관계는 위기에서도 흔들리지 않는 삶입니다.

아브라함이 막상 모리아 산에 도착하고 제단에 불을 피웠을 때에도 제물은 보이지 않았습니다. 아브라함은 하나님을 신뢰하고 있었지만 보이지 않는 제물 앞에 아들을 결박하고 대신 제물로 올려야 하는 급박한 상황에서도 흔들리지 않습니다. 차분하게 아들을 제물단에 올려 놓습니다. 그리고 칼을 들어 아들을 치려고 하는 순간 하나님의 음성이 들려오고 준비해 두신 제물이 나타납니다.

아브라함이 아들을 제단에 올려 두고 결박했을 때 어떤 마음이었을까요?

하나님을 신뢰하고 있지만 정말로 하나님이 도우실까 불안하지 않았을까요?

왜 이런 상황으로만 자신의 믿음을 보시는지 불평이 나오지 않았을까요?

자신을 제물로 드리려는 아버지를 바라보는 아들 이삭의 마음은 어떠했을까요?

아버지가 원망스럽지 않았을까요?

지금까지 믿었던 하나님은 이토록 잔인한 분이란 말인가 라는 생각은 들지 않았을까요?

신뢰한다는 것은 어떤 상황에서도 흔들리지 않는다는 것을 의미합니다.

순간순간 불안해하고 흔들리는 것은 신뢰한다는 것이 아니겠지요.

아브라함은 하나님께서 하신 말씀(창12:1-절)을 마음에 새기고 그 말씀을 완전히 신뢰하고 있었기에 불안하지 않았던 것입니다.

부모가 자녀 앞에서 하나님의 관계를 보여주는 것은 아브라함과 같은 신뢰입니다. 긴박한 상황이 생기고 불안과 염려가 몰려오는 일이 있더라도 약속해 주신 하나님의 말씀을 믿고 흔들리지 않는 모습을 보여주는 것입니다.

하나님을 신뢰하는 관계는 여호와 이레의 삶으로 인도해 주십니다.

하나님께서는 이미 제물을 준비해 주고 아브라함과 이삭을 기다리고 계셨습니다. 뿔이 수풀에 걸려 있는 숫양을 가져다가 번제로 드리면서 아브라함은 그 땅의 이름을 "여호와 이레"라고 합니다. 이 뜻은 "하나님의 산에서 준비되리라"입니다. 신약성경 히브리서에는 아브라함이 이 장면을 이미 믿음으로 믿고 있었다고 표현하고 있습니다.

"그가 하나님이 능히 이삭을 죽은 자 가운데서 다시 살리실 줄로 생각한지라 비유컨대 그를 죽은 자 가운데로 도로 받은 것이니라.(히11:19)"

하나님은 부모의 애타는 마음도 아십니다. 그리고 절대 혼자 자녀를 키우도록 버려두지 않으십니다. 하나님께서 미리 준비하시고 도우십니다.

부모가 하나님의 마음을 알면 흔들리지 않습니다. 그리고 아브라함처럼 여호와 이레의 은혜를 경험하게 됩니다. 하나님은 모든 부모에게 여호와 이레의 은혜를 준비하고 계심을 믿으시기 바랍니다.

♡지니둘 이야기 ♡

큰 딸이 대학생이었을 때의 일입니다. 그날은 딸과 영화를 보고 데이트를 하기로 한 날이었습니다. 딸은 서둘러서 먼저 카페에 도착하여 노트북을 보며 엄마를 기다리고 있었습니다. 그런데 갑자기 노트북 위로 미세한 먼지 같은 것이 떨어져서 고개를 숙여 무엇인지를 살피던 순간이었습니다.

"쾅"하는 소리와 함께 딸은 의식이 흐려졌고 희미해진 시야로 사람들의 아우성이 들릴 뿐이었습니다. 딸이 있던 카페의 천장에 있던 샹들리에가 떨어지면서 딸과 주변을 덮쳤던 것입니다.

119에 의하여 병원으로 이송하던 중 딸이 전화를 했습니다.

"엄마 잘 오고 있어? 놀라지 말고 차분하게 들어. 내가 조금 다쳤거든!" 차를 타고 가던 저는 가슴이 철렁 내려 앉았습니다.

"딸, 무슨 말이야? 어디를 어떻게 다쳤다는 거야?"
그런데 갑자기 딸의 목소리가 아닌 다른 분의 목소리가 들렸습니다.
"어머니, 지금 따님이 좀 다쳐서 ○○병원 응급실로 이송중이니 그곳으로 와 주시기 바랍니다."

꿈인 줄 알았습니다. 아니 꿈이기를 바랐습니다.

제 입술에는 단 한마디 "하나님 살려주세요, 하나님 제발 살려주세요." 그리고 어떻게 병원에 도착했는지 기억이 나지 않습니다.
응급실에 도착했는데 딸이 보이지 않았습니다. 이곳 저곳 아무리 보아도 아이의 모습이 보이지 않았습니다. 그 때 침상 하나에 우리 아이가 메던 가방과 아이의 신발이 덩그러니 눈에 들어왔습니다. 아무리 봐도 우리 아이가 그 침상에 없었습니다. 정신

나간 사람처럼 "유진아!!"를 외치며 아이의 이름을 불렀습니다. 누구의 소리도 들리지 않았습니다. 그저 우리 아이만 보이면 되는 것이었습니다. 어디를 다쳤건, 얼마나 다쳤건 제 눈 앞에 있으면 되는 것이었습니다.

눈물이 범벅이 되고 손발이 부들부들 떨려 세상이 빙빙 돌았습니다. 그래도 내 아이를 찾아야 한다는 생각 하나로 뛰어다녔습니다. 오직 제 입술이 외치는 것은 단 하나 "하나님 딸을 살려주세요."

어디를 어떻게 다녔는지 모르게 다니다가 엑스레이 촬영실 앞에서 침상에 혼자 누워 있는 아이를 발견했습니다. 대학생이어서 다 큰 줄 알았는데 우리 아이가 왜 그리도 작아 보입니까!. 대학병원 응급실의 엑스레이 찍는 그 복도는 왜 그리도 차갑고 냉랭해 보입니까! 하염없이 흐르는 눈물과 떨리는 다리를 부여잡고 아이 곁으로 다가갔습니다.

"딸! 엄마야, 엄마 왔어"

고개를 돌려 저와 눈이 마주친 우리 딸의 얼굴이 퉁퉁 부어 있었습니다. 울어서 부은 얼굴이 아니었기에 가슴이 철렁 내려앉았습니다.

"엄마 많이 놀랐지? 나 괜찮아. 걱정하지마. 하나님이 지켜주셨어" 계속 괜찮다는 말을 되풀이하며 엄마를 걱정하고 위로하는 딸의 눈꺼풀이 무거워 열렸다 닫혔다만 하고 있었습니다.
"주님 그래도 우리 딸이 의사 표현할 수 있도록 지켜주셔서 감사합니다."

아이의 손을 잡는 순간 주님의 음성이 들려왔습니다.

"너는 엄마다. 절대 무너지고 약해지면 안 된다. 지금 아이의 희망은 엄마인 너다." 바로 입술을 깨물고 주님의 음성으로 채워가며 딸의 손을 잡고 담대하게 일어섰습니다.

그날, 딸이 노트북으로 떨어진 먼지를 보느라 고개를 숙인 순간 샹들리에가 떨어지면서 딸을 정통으로 덮쳤는데 고개를 숙이는 바람에 머리가 아닌 어깨 근육으로 떨어졌다고 합니다. 의사도, 119 대원들도 기적이라며 안도를 하였습니다. 테이블과 노트북은 산산조각이 났으니까요. 오직 하나님께서 딸을 보호해 주신 것입니다.

그 후로 딸은 한 달 동안 병원 치료를 받았습니다. 어깨 근육의 파열된 곳을 집중 치료하고 척추와 관련된 후유증 검사와 트라우마 치료까지 매일 고된 치료의 시간을 보냈습니다. 병원에서 딸과 지내며 말씀을 나누고 위기 가운데 지켜주신 하나님의 은혜를 이야기하며 행복하게 지냈습니다.

딸은 "엄마가 하나님을 믿고 기도하자는 말을 너무 많이 해서 본인도 어느 순간 하나님을 믿고 기도하게 되었다"며 엄마의 하나님이 이제는 자신의 하나님이 되어서 좋다고 했습니다. 아프고 시린 경험이었지만 이 일로 인하여 아이의 신앙은 더욱 깊어졌고 저도 하나님을 신뢰하는 믿음이 더욱 깊어지게 되었습니다. 지금은 병원 생활하며 발견한 하나님의 비전을 따라 방송국 PD로 행복하게 지내고 있습니다.

우리 삶에 고통이나 아픔이 없을 수는 없지만 그 순간에 부모가 하나님을 신뢰하고 갈 때 자녀는 부모를 따라 하나님의 사람으로 일어나게 됩니다.

제1계명 : 삶으로 보여주라 「이삭의 아버지 아브라함」

Ⅰ. 말씀 기억하기

1) 하나님과 관계는 하나님을 신뢰하는 삶입니다.

2) 하나님과의 관계는 위기에서도 흔들리지 않는 삶입니다.

3) 하나님을 신뢰하는 관계는 여호와 이레의 삶으로 인도해 주십니다.

Ⅱ. 결단하고 실천하기

1) 이번 과에서 느끼고 결단한 부분은 무엇인가요?

2) 이번 주에 실천할 부분은 무엇인가요?

행복한 부모 십계명

02 하나님께 맡기라

제 2계명 ♥ 하나님께 맡기라
「 모세의 부모 아므람과 요게벳 」

출생의 과정에도 하나님의 일하심은 진행됩니다.

모세는 이스라엘 민족이 애굽에서 억압받고 있을 때 태어났습니다. 이 당시 왕은 투트모스 1세로 매우 포악하였으며 점점 숫자가 많아지는 히브리인들에게서 불안감을 느꼈습니다. 그래서 히브리인들이 낳은 남자 아이들을 죽이라는 명령을 내렸습니다.

"애굽 왕이 히브리 산파 십브라라 하는 사람과 부아라 하는 사람에게 말하여 이르되 너희는 히브리 여인을 위하여 해산을 도울 때에 그 자리를 살펴서 아들이거든 그를 죽이고 딸이거든 살려두라."(출애굽기1:15-16절)

그러나 히브리 산파들은 하나님을 두려워하여 죽이지 못하고 살려 두자 애굽 왕은 아들을 나일강에 던지라고 했습니다. 모세를 향한 하나님의 계획은 이미 이 때에도 시작되고 있었습니다.

모세의 부모는 아들을 낳고 애굽 왕의 명령이 무서웠지만 아들을 석 달 동안 숨기면서 보호했습니다.

그러나 더 이상 숨길 수가 없게 되자 어머니는 갈대(파피루스)로 만든 상자를 준비하고 역청과 나무 진을 칠해서 물이 스며들지 않도록 준비를 하였습니다. 그 속에 3개월 된 아기를 담아 나일강에 띄워 보냅니다. 아기가 떠내려가는 것을 하염없이 바라보며 아이의 앞길을 하나님께 기도로 맡깁니다. 이 때 모세의 누나 미리암이 흘러가는 강물을 따라 동생이 떠내려가는 물줄기를 따라갑니다.

자녀가 잉태되는 것도 부모의 계획이 아닌 하나님의 계획으로 주신 선물입니다. 하나님께서는 아이가 태어날 환경과 시대도 아시고 사명을 부여하시며 우리 가정에 보내주신 것입니다.

그리스도인 부모는 이것을 기억하면 감사가 나오게 됩니다. 완전하신 하나님께서 우리 가정을 택하시고 아이를 보내셨으니 아이를 향한 하나님을 기대하며 기쁨으로 맞이하면 되는 것입니다.

양육도 하나님께 맡기면 인도해 주십니다.

갈대 상자에 담겨 나일강 물줄기를 따라 3개월 밖에 되지 않은 아기는 떠내려 갑니다. 한참을 내려가다가 바로의 딸이 목욕을 하는 곳에서 멈춥니다. 공주는 아기의 울음소리를 듣고 갈대 상자를 열어 봅니다. 너무 예쁘고 사랑스러운 아이가 있는 것을 보고 아기를 안고 궁으로 갑니다.

아기를 데려오기는 하였으나 어떻게 해야 할지 모르는 공주에게 누나인 미리암이 다가가 아기를 돌봐 줄 사람을 구할 길을 알려줍니다.

"내가 가서 당신을 위하여 히브리 여인 중에서 유모를 불러다가 이 아기에게 젖을 먹이게 하리이까."(출애굽기2:7절)

결국 모세의 어머니가 친모임을 숨긴 채 유모로 들어가 모세를 양육하게 됩니다. 모세는 엄마의 품 안에서 젖을 먹고 사랑을 받으며 애굽의 왕자로 자라갑니다.

엄마는 자녀를 보호함에 환경을 초월하고 상황을 뛰어넘어서 사랑을 표현합니다. 모세의 어머니가 두 살 이하의 남자아이를 죽이라는 왕의 명령에 속수무책으로 포기했다면 모세는 이 세상에 존재하지 않았을 것입니다.

자녀를 향한 하나님의 계획은 언제나 실수가 없고 선하시기에 부모의 순종과 지혜로운 결단이 중요합니다.

모세의 어머니는 모세를 하나님께서 주신 아이라는 것을 믿었기에 모세의 인생도 하나님의 손에 있음을 믿었던 것입니다. 의심하고 불평할 시간에 믿음으로 기도하고 아이에게 필요한 것을 찾고 집중했던 것입니다.

그래서 엄마로서 아이를 보호할 수 있는 모든 일을 할 수 있었던 것입니다. 오직 아기의 출생과 양육을 하나님께 맡긴 채 말입니다.

♥지니둘 이야기 ♥

첫 아기의 임신과 출산은 모든 가정의 기쁨이자 축복입니다. 저희 가정도 첫 아기를 가졌을 때 아버님은 태어나지도 않은 아기 자리를 만들어 놓고 숟가락을 올려 두시며 기다리셨습니다. 남편은 아기 사진을 벽에 걸어두고 하루하루 기다리며 초조해하기도 했습니다.

7월의 무더위에 입덧을 하다보니 물 한모금도 먹을 수가 없어서 체중이 37kg까지 되었고 빈혈에 어지럼증까지 생겼습니다.

그러던 어느 날, 갑자기 하혈을 하여 병원 응급실을 가게 되었습니다. 원인을 파악하기 위하여 여러 가지 검사를 하는 동안 이

루 말할 수 없는 불안이 밀려왔습니다. 행여 아이가 잘못되면 어쩌나, 모든 것이 저의 잘못인 것 같기도 하고 하나님과 가족들께 미안한 마음에 두려움까지 들었습니다.

그저 할 수 있는 것은 아이를 주신 하나님께 간절히 기도하는 것밖에 할 수 있는 것이 없었습니다.

그때 들려주신 하나님의 음성은 불안한 마음을 평안으로 이끌어 주셨습니다.

"아무것도 염려하지 말고 다만 모든 일에 기도와 간구로 너희 구할 것을 감사함으로 하나님께 아뢰라. 그리하면 모든 지각에 뛰어난 하나님의 평강이 그리스도 예수 안에서 너희 마음과 생각을 지키시리라."(빌립보서4:6-7절)

말씀을 암송하며 배에다 손을 대고 기도했습니다.
아기도 괜찮을거라고 제 마음을 위로하는 듯 함께 평안을 되찾았습니다.

한참을 검사하던 의사는 산모가 너무 약해서 태반이 아래로 밀려 나와 하혈을 하였고 아기는 건강하다는 말을 해 주었습니다. 3일 정도 입원하여 안정을 취하면 괜찮을거라는 의사의 말을 들으니 너무 감사하여 하염없이 눈물이 흘렀습니다.

아이의 생명을 붙잡아 주신 주님의 은혜가 감사할 뿐이었습니다. 두려운 순간에 함께하시며 말씀으로 위로해 주신 성령님의 은혜가 감사했습니다. 부모는 아무것도 할 수 없었지만 생명을 주신 주님께서 보호하시니 안전할 수 있었습니다.

아이는 매일 말씀을 듣고 찬양을 들으면서 잘 자라서 자연분만으로 건강하게 태어났습니다. 2월2일 2시 2분, 아빠와 생일이 같은 날 말이지요. 그러니 자녀의 출생도 양육도 모든 것을 하나님께 맡길 때 하나님께서 책임져 주시는 것입니다.

자녀의 출생도 양육도 하나님께 맡기고 갈 때 성경에서도 많은 약속을 해주고 있습니다.

"네 모든 자녀는 여호와의 교훈을 받을 것이니 네 자녀에게는 큰 평안이 있을 것이며."(이사야54:13절)

모든 걱정을 내려놓고 하나님의 뜻을 구하며 기도로 양육하면 하나님은 자녀를 보호해 주시고 복된 삶으로 인도해 주십니다.

제 2계명 : 하나님께 맡기라

「모세의 부모 아므람과 요게벳」

Ⅰ. 말씀 기억하기

1) 출생의 과정에도 하나님의 일하심은 진행됩니다.

2) 양육도 하나님께 맡기면 인도해 주십니다.

Ⅱ. 결단하고 실천하기

1) 이번 과에서 느끼고 결단한 부분은 무엇인가요?

2) 이번 주에 실천할 부분은 무엇인가요?

제 3계명 ♡ 편애하지 말라
「 에서와 야곱의 부모 이삭과 리브가 」

자녀 교육에 갈등은 생길 수 있습니다.

이삭과 리브가는 자녀가 없어서 긴 시간을 하나님께 기도로 매달리며 살았습니다.

"이삭이 그의 아내가 임신하지 못하므로 그를 위하여 여호와께 간구하매 여호와께서 그의 간구를 들으셨으므로 그의 아내 리브가가 임신하였더니."(창25:21)

이삭이 육십 세가 되었을 때 하나님께서 이들에게 쌍둥이를 주셨습니다.

아버지 이삭은 조용하고 차분한 성격이다보니 적극적이고 호탕한 에서를 더 사랑했고 어머니 리브가는 활달하고 적극적인 성격이다보니 조용하고 내성적인 야곱을 더 사랑하게 되었습니다.

이런 마음이 자녀를 양육하는데 있어서 둘 사이에 갈등이 자주 생겼습니다.

어느 가정이든 자녀를 키우다보면 부부의 의견이 달라서 갈등이 생깁니다.

어느 가정은 자녀의 학습방법에 차이가 있기도 하고, 양육방식의 기대와 방법이 다르기도 하여 갈등을 빚기도 합니다. 그러나 이런 시기에 중요한 것은 부모가 이 갈등을 하나님의 마음이 되어 지혜롭게 해결해야 합니다.

세속적인 방법이나 일방적인 방법은 자녀 교육에 해를 줄 뿐만 아니라 부부관계도 멀어지는 원인이 되기 때문입니다.

그러므로 자녀 교육에서의 갈등을 해결할 수 있는 가장 좋은 길은 부부가 아이들을 위하여 하나님께 기도하며 지혜를 구하는 것입니다. 부부가 갈등을 겪을 때 자녀에게도 불안의 정서가 흘러갑니다.

부모의 다툼을 보고 자라는 자녀는 심리적인 불안 정서를 갖게 되고, 좌절과 낙심의 마음을 가지게 됩니다. 뿐만 아이라 부부의 갈등은 집안의 화목한 분위기를 깨뜨리는 원인이 되어 긴장감 속에 사는 자녀들의 사회성에도 부정적인 영향을 미치게 됩니다. 대인관계나 장차 결혼관에도 좋지 못한 이미지를 주게 됩니다.

그리스도인 가정은 하나님께서 창세기에 말씀해 주신 것처럼 서로 돕는 배필이 되어주고 가정을 잘 세워가야 할 책임이 있습니다.

그러므로 갈등을 해결하기 위해서는 작은 갈등이 생겼을 때 하나님께 기도로 문제를 해결할 지혜를 구하고 서로 비난하고 정죄하기보다는 상대방의 마음으로 대화를 하고 아무리 화가 나는 상황이어도 자녀 앞에서는 언성을 높이고 다투지 말고 하나님의 말씀을 기준으로 가정을 소중히 여기고 자녀에게 안정감을 주도록 서로 협조해야 합니다.

편애는 오히려 갈등을 더욱 악화시킵니다.

이삭은 나이가 들어 시력이 약해졌습니다. 아들에게 축복을 해 줄 때가 되어 에서에게 들판에 나가 사냥을 해서 맛있는 음식을 만들어 오라는 소리를 리브가가 들었습니다. 리브가는 에서보다 야곱을 더 사랑했기에 에서의 축복권을 야곱에게 주고 싶었습니다 그래서 에서가 사냥하러 간 사이에 염소 새끼로 음식을 만들고 야곱에게 에서의 옷을 입힙니다. 뿐만 아니라 털이 많은 에서의 흉내를 내기 위해 .분장을 시키기까지 합니다. 결국 야곱은 어머니의 거짓 행동을 따라 아버지에게 축복권을 받아냅니다.

이 사실을 뒤늦게 알게 된 에서는 감정이 분노로 치닫습니다. 그리고 동생을 향한 공격의 마음을 갖게 됩니다. 어머니는 겁을 먹은 야곱을 오빠 라반의 집으로 피신시키게 됩니다. 결국 자녀가 없어 긴 세월 동안 간절히 기도했던 이 가정에 분열의 상처가 생기게 된 것입니다.

왜 이런 일이 생긴 것일까요?
부모의 편애는 결국 그 열매가 자녀들에게로 돌아갑니다.

편애가 자녀에게 미치는 영향은 정서적, 심리적, 사회적으로 부정적인 결과를 초래합니다. 편애받는 자녀는 부모의 공정하지 못한 태도에 죄책감을 갖게 되며 부모의 기대에 맞추려는 과도한 압박을 느끼게 됩니다.
이러한 상황에서 아이의 자존감은 더욱 낮아지고 자신감은 떨어지며 불안과 우울의 정서를 갖게 됩니다. 부모에게 더욱 관심을 받고 싶은 정서로 부정적인 행동을 하거나 반항적인 태도를 보이기도 합니다.

부모의 편애를 받고 자란 자녀들은 형제 간 우애가 생길 수가 없습니다.

에서와 야곱이 보여준 것처럼 서로의 마음에 원망과 미움이 자리를 잡고 있기 때문입니다. 서로를 돕고 협력하는 관계가 아닌 경쟁하고 적대시하는 사이가 되는 것입니다. 시간이 지나 자녀가 성인이 되면 형제간 뿐만 아니라 부모와도 사이를 끊고 지내게 됩니다.

따라서 어린 시절 부모의 편애가 가족의 화목을 깨고 행복하게 자랄 권리가 있는 자녀들에게 상처와 아픔이 되어 사회적인 관계 생활에까지도 영향을 미치게 됩니다.

자녀를 편애하지 않고 양육하려면

1) 약하고 부족해 보여도 하나님의 선물임을 인정해야 합니다.

"보라 자식들은 여호와의 기업이요 태의 열매는 그의 상급이로다."(시편127:3절)

2) 부모는 마음으로도 특정 자녀를 향한 편애의 마음이 있는
지 살펴야 합니다.

　"이삭은 에서가 사냥한 고기를 좋아하므로 그를 사랑하고
　리브가는 야곱을 사랑하였더라."(창세기25:28절)

3) 비교하지 말고 각자에게 주신 은사를 발견하고 칭찬해
　주어야 합니다.

　"또 아비들아 너희 자녀를 노엽게 하지 말고 오직 주의 교훈
　과 훈계로 양육하라."(에베소서6:4절)

4) 차별이 아닌 맞춤형 사랑으로 양육해야 합니다.

　"마땅히 행할 길을 아이에게 가르치라 그리하면 늙어도 그
　것을 떠나지 아니하리라."(잠언22:6절)

5) 하나님이 사랑하신 것처럼 자녀를 사랑하면 됩니다.

"하나님이 세상을 이처럼 사랑하사 독생자를 주셨으니."
　(요한복음3:16절)

♡지니둘 이야기 ♡

우리 가정은 딸 둘입니다. 큰 아이와 작은 아이는 세 살 터울입니다. 큰 아이가 36개월이 되었을 때 아침에 일어나더니 "아이 심심해 오늘은 누구랑 놀지?"라고 합니다. 그동안 한 번도 함께 놀 사람을 찾지 않고 엄마랑 잘 놀던 아이가 그런 말을 하니까 순간 서운하기도 했지만 동생을 기도하며 준비할 때가 되었다는 생각을 했습니다.

하나님께서 건강하고 사랑스러운 동생을 주셨고 큰 아이는 너무 좋아했습니다. 저희 집도 큰 아이는 활발하고 외향적인 반면 작은 아이는 내성적이고 차분합니다. 언니는 일어나자마자 패션쇼를 하듯이 옷을 화려하게 입고 연예인 놀이를 합니다. 그리고 모든 사람에게 마이크를 건네며 인터뷰를 합니다. 이에 반해 동생은 어디에 있는지도 몰라서 찾아보면 한쪽 귀퉁이에서 책을 보고 있습니다. 그리고 언니의 인터뷰를 피해 다니기 바쁩니다.

아이들이 어린 시절, 저희 가정은 부모님과 함께 살았습니다. 아버님은 활달한 큰 아이를 좋아하셨고 어머니는 조용한 작은 아이를 사랑하셨습니다. 아이들이 장난을 치더라도 두 아이를 바라보는 부모님의 눈빛이 달랐고, 서로 티격태격하면 바로 편 가르기의 감정 발언이 나오기 일쑤였습니다.

그러다 결국 아이들을 향한 마음이 부모님의 감정 싸움으로 흘러가기도 했습니다. 물론 마음 깊은 곳에 두 아이를 모두 사랑하는 것은 변함이 없지만 순간 일어나는 현장에서는 평소 가지고 있던 편애의 감정이 나온 것입니다.

이런 일이 있다 보면 다음 날은 아이들이 할아버지와 할머니를 불편해합니다. 부모님이야 하루가 지나고 다음 날이 되면 사랑스런 손녀들의 모습에 어제의 감정이 눈녹듯 사라져 버리지만 어린 아이들은 그 앙금이 남아서 입이 뾰로통해집니다. 그 어색함을 달래주느라 하루가 지나갑니다.

이제는 어엿한 성인이 되어 지난 시절을 웃으며 이야기하지만 지금도 그 때를 돌아보면 큰아이는 할머니가, 작은 아이는 할아버지가 서운했다고 합니다.

편애는 하나님의 양육 방법이 아닙니다. 하나님은 우리의 약함도, 부족함도 모두를 있는 그대로 사랑하십니다. 지구의 인구 모두를 한 사람 한 사람 각자에게 최선을 다하시는 사랑으로 대합니다. 하나님의 마음으로 자녀를 바라보고 사랑하는 부모가 되기를 소망합니다.

제 3계명 : 편애하지 말라

「에서와 야곱의 부모 이삭과 리브가」

Ⅰ. 말씀 기억하기

1) 자녀 교육에 갈등은 생길 수 있습니다.

2) 편애는 오히려 갈등을 더욱 악화시킵니다.

Ⅱ. 결단하고 실천하기

1) 이번 과에서 느끼고 결단한 부분은 무엇인가요?

2) 이번 주에 실천할 부분은 무엇인가요?

제 4계명 ♡ 기도로 양육하라
「 사무엘의 어머니 한나 」

간절한 기도는 새 생명을 주십니다.

어머니의 간절한 기도로 하나님께서 아이를 주신 대표적인 인물은 사무엘의 어머니 한나입니다. 한나의 남편 엘가나는 제사장이었습니다. 그에게는 한나라는 아내와 브닌나라는 아내가 있었습니다. 한나는 엘가나의 사랑을 받았지만 불임이어서 마음의 고통을 안고 지냈습니다. 당시 이스라엘의 문화에서는 자녀를 낳지 못하는 일은 개인적으로나 사회적으로 큰 고통으로 이어지는 문제였습니다. 그런 와중에 엘가나의 또다른 아내인 브닌나에게는 자녀가 있었습니다. 브닌나는 한나의 아이 없음을 비웃고 무시하여 한나의 괴로움이 더 커지도록 하였습니다.

한나는 슬픔을 안고 매일 하나님 앞에 나와 눈물로 예배를 드리며 기도했습니다.

어느 날 한나는 괴로움을 안고 하나님 앞에 나와 괴로운 마음으로 통곡을 하며 기도를 하였습니다. 그리고 서원을 하였습니다. 하나님께서 아이를 주시기만 하면 이 아이를 하나님께 드려 평생동안 하나님의 종으로 살게 하겠다고 했습니다.

"만군의 여호와여 만일 주의 여종의 고통을 돌보시고 나를 기억하사 주의 여종을 잊지 아니하시고 주의 여종에게 아들을 주시면 내가 그의 평생에 그를 여호와께 드리고 삭도를 그의 머리에 대지 아니하겠나이다."(사무엘상1:11절)

이렇게 간절히 기도하는 모습을 지켜보던 사람이 있었습니다. 당시 제사장인 엘리였습니다. 그는 한나가 술에 취해 중얼거리는 줄 오해하였지만 한나는 자신의 간절한 마음을 토로하여 마침내 엘리 제사장의 축복을 받기도 했습니다.

하나님께서는 아이를 갖고 싶어하는 한나의 간절한 기도를 들으시고 한나에게 새 생명을 주셨습니다. 한나는 하나님과의 약속을 기억하고 아이의 이름을 사무엘("하나님께서 구하다")이라고 지었습니다. 그리고 약속대로 젖을 뗀 후에 성막으로 데려가서 하나님을 섬기도록 제사장에게 맡기고 돌아왔습니다.

갓 젖을 뗀 아이를 두고 돌아서는 어머니의 마음이 얼마나 아팠을까요. 그러나 한나는 아이를 두고 와서도 하나님을 찬양하며 감사의 기도를 드렸습니다. 하나님께서 주신 아이라는 확신이 있었기 때문입니다. 뿐만 아니라 아이를 하나님께서 키워 주실 것이라는 확신이 있었기에 찬송을 드린 것입니다. 매일 아이를 위하여 기도를 하고 아이의 옷을 지어 열심히 돌보며 섬겼습니다. 이 아이가 자라서 이스라엘의 지도자로 자란 것입니다.

사무엘은 이스라엘의 제사장과 선지자와 왕의 역할을 감당한 최초의 사람입니다. 하나님께서는 약속대로 사무엘을 축복해 주셨습니다.

"사무엘이 자라매 여호와께서 그와 함께 계셔서 그의 말이 하나도 땅에 떨어지지 않게 하시니 단에서부터 브엘세바까지의 온 이스라엘이 사무엘은 여호와의 선지자로 세우심을 입은 줄을 알았더라."(삼상3:19-20)

부모가 자녀를 자신의 힘으로 키우는 것은 한계가 있습니다. 그러나 하나님께 간절히 기도하며 자녀를 양육할 때 그 자녀의 인생은 하나님께서 책임져 주십니다. 한나는 아이를 하나님이 주셨다는 것을 확신하고 믿었기에 하나님께 맡길 수 있었던 것입니다. 부모가 하나님을 믿고 자녀를 맡기며 기도로 양육할 때 그 자녀의 앞길은 사무엘보다 더 귀한 인생이 될 것입니다.

믿음으로 결단하고 헌신적으로 돌봐야합니다.

한나는 고통과 눈물 속에 지내다가 기도로 아들을 얻었으니 너무 소중했을 것입니다. 그러나 자신의 양육보다 하나님께서 더 잘 키워주실 것이라는 것을 믿고 아들을 하나님께 드리는 믿음의 결단을 합니다.

사무엘이 태어나기 이전부터 한나는 기도로 준비했기에 아들을 낳고 난 후에도 그 약속을 잊지 않고 기도로 양육을 하였습니다. 그리고 성막으로 보내서 제사장 밑에서 자라게 할 때에도 아들을 위해 지속적인 기도와 헌신의 섬김을 하였습니다. 매년 성막에 올라 갈 때마다 새 옷을 정성껏 지어 주었습니다.

"그의 어머니가 매년 드리는 제사를 드리러 그의 남편과 함께 올라갈 때마다 작은 겉옷을 지어다가 그에게 주었더니."(삼무엘상2:19절)

비록 떨어져서 지냈지만 하루도 아들을 잊지 않고 앞길을 위해 기도하며 정성을 다하였습니다. 한나의 헌신적인 사랑은 어린 사무엘이 엄마를 떠나 있어도 늘 함께 있는 든든함을 느끼게 해 주었을 것입니다.

훗날 사무엘이 온 이스라엘을 다스리는 영향력 있는 사람으로 쓰임 받을 수 있었던 것은 어머니 한나의 기도로 하나님께 자녀의 인생을 맡긴 믿음의 결단에 대한 열매인 것입니다. 또한 자녀를 향한 아낌없는 헌신이 영육이 강건한 사람으로 성장하게 만든 것입니다. 하나님은 이런 자녀의 뒤에 한나같은 어머니가 있음을 기억하시고 그 앞길을 책임져 주시는 것입니다. 자녀는 부모의 돌봄없이 혼자 온전하게 자랄 수 없습니다.

한나는 사무엘을 키우는 것에 대하여 고백합니다.

"이 아이를 위하여 내가 기도하였더니 여호와께서 나의 구하여 기도한 바를 허락하신지라."(사무엘상1:27절)

한나는 사무엘을 주신 분이 하나님이시니 아이를 위해 기도했을 때 응답해 주셨음을 감사하고 있습니다. 자녀에 대한 소유권이 하나님께 있고 그 분께 기도했을 때 응답해 주실 것을 믿고 감사하는 부모가 되어야 합니다.

기도하며 하나님께 자녀를 맡기는 부모에게 주시는 하나님의
축복은

1. 가정을 든든히 세워 주십니다.

   "여호와께서 집을 세우지 아니하시면 세우는 자의 수고가
   헛되며 여호와께서 성을 지키지 아니하시면 파수꾼의 깨어
   있음이 헛되도다."(시편127:1절)

2. 하나님의 능력으로 응답해 주십니다.

   "의인의 간구는 역사하는 힘이 큼이니라."(야고보서5:16절)

3.하나님의 크고 인밀한 일을 보여 주십니다.

   "너는 내게 부르짖으라 내가 네게 응답하겠고 네가 알지
   못하는 크고 은밀한 일을 네게 보이리라."(예레미야33:3절)

4. 하나님께서 믿음의 자손을 번성하게 해 주십니다.

"여호와께서 너희와 너희 자손을 더욱 번성하게 하시기를
원하노라."(시편115:14절)

5. 하나님께서 자녀의 길을 인도해 주시고 지도해 주십니다.

"너는 마음을 다하여 여호와를 신뢰하고 네 명철을 의지
하지 말라. 너는 범사에 그를 인정하라. 그리하면 네 길을
지도 하시리라."(잠언3:5-6절)

♡ **지니둘 이야기** ♡

결혼을 하고 아이를 갖고 싶다는 생각이 들었을 때 가장 먼저
하나님께 기도를 했습니다. 하나님께서는 아이를 주실텐데 그럼
우리 부부가 준비해야 할 것은 무엇인지를 고민했습니다. 그리
고 건강검진을 받기로 했습니다.

행여 우리의 건강에 이상이 있다면 미리 치료하고 건강하게 태어나도록 하나님의 일에 조금이나마 보탬이 되고 싶다는 생각이었습니다. 병원 가기를 너무 싫어하고 주사 맞는 것도 어쩔수 없는 상황이 아니면 피하는 저였지만 아이를 위하는 것이라면 무엇이든 준비를 할 수 있었습니다. 치과로, 소아과로, 산부인과로 모든 관련된 곳을 다니며 진료를 받고 준비를 하였습니다.

　그렇게 하지 않아도 하나님의 다함 없는 은혜로 새 생명을 주실테지만 우리의 순수함이 어여뻤는지 하나님께서는 우리가 바라는 가장 좋은 시기에 아이를 주셨습니다. 기쁨은 잠시 입덧이 너무 심해서 물도 마시지 못했습니다. 매일 하는 것은 일어나서 기도하고 말씀보고 찬양 듣고 자고 또 자는 것 밖에 없었습니다. 힘이 들고 괴로우니 저절로 기도 밖에 나오지 않았습니다.

　그 속에서도 아이는 엄마의 마음을 아는 지 어느 날 지쳐서 누워있는 제게 꼼지락 거리며 위로의 신호를 보내왔습니다. 너무도 신기하고 고마워서 펑펑 울었습니다. "날 기억해 주고 있구나. 우리 아기가 나와 함께 있구나."

다음 날부터는 아기를 위하여 열심히 밥을 먹고 힘을 내서 산책을 하고 아기를 맞을 준비를 하였습니다. 아기는 엄마를 살리는 원동력입니다.

출산일을 손꼽아 기다리던 어느 날 갑자기 양수가 터졌고 이런 일을 처음 겪는 남편은 저보다 더 바들바들 떨며 어찌할 바를 몰랐습니다. 진통이 시작되었지만 아이는 나올 생각을 하지 않고 배만 아파왔습니다. 한시간, 두시간, 다섯시간, 열시간. 의사선생님은 수술하기는 아까우니 조금만 기다려보자고 냉정하게도 돌아서 버립니다. 한나절이 지나가고 오후가 되어도 아이는 뱃속에서 꼼짝을 안 합니다. 밖에서 기다리는 가족들은 초조해지기 시작하고 애가 타는 가족들의 기도소리가 높아지기 시작했습니다. 아기를 생각하며 정신을 가다듬어 보지만 하루를 꼬박 진통을 하는 저도 점점 지쳐가기 시작했습니다.

그 때 희미해지는 저의 귓가에 엄마의 목소리가 들렸습니다. "아가, 많이 힘들지. 너무 힘들면 예수님께서 골고다에서 십자가를 지고 너를 사랑한다고 바라보시는 그 모습을 떠올려보렴."

그 소리에 제 눈 앞에는 골고다 십자가에 매달려 있는 예수님이 보였습니다.

온 몸과 얼굴에 피투성이가 되고 살이 찢겨진 고통 속의 예수님이 저를 바라보고 계셨습니다. 순간 "예수님"하고 외쳤는데 바로 그 때에 "으앙"하고 아기가 태어났습니다. 하루 반 나절을 지나 아기는 우렁찬 울음소리와 함께 이 땅에 보내심을 받았습니다.

기도로 준비하여 기도 속에 지내다가 예수님의 이름을 부르고 태어난 우리 아기였습니다. 아기의 생명이 기도줄을 타고 하나님에게서 우리 가정으로 왔던 것입니다.

제 4계명 : 기도로 양육하라
「사무엘의 어머니 한나」

Ⅰ. 말씀 기억하기

1) 간절한 기도는 새 생명을 주십니다.

2) 믿음으로 결단하고 헌신적으로 돌봐야합니다.

Ⅱ. 결단하고 실천하기

1) 이번 과에서 느끼고 결단한 부분은 무엇인가요?

2) 이번 주에 실천할 부분은 무엇인가요?

제 5계명 ♥ 훈육에 책임을 지라
「 홉니와 비느하스의 아버지 엘리 」

제사장이어도 자녀 교육에 실패할 수 있습니다.

엘리의 두아들 홉니와 비느하스는 성경에서도 "불량자"라고 불리고 있습니다.

"엘리의 아들들은 행실이 나빠 여호와를 알지 못하더라."

(삼상2:12)

그들은 아버지를 따라 제사장의 직무를 감당했지만 하나님께 드려야 할 백성의 제물을 강제로 빼앗고 자신들이 먼저 좋아하는 부위를 가져가기도 했습니다. 또한 하나님의 말씀을 어기고

고기를 태우기도 전에 자신들이 취함으로 불순종의 죄를 짓기도 했습니다. 그 뿐만 아니라 성막에서 봉사하는 여인들과 부적절한 관계를 가짐으로 제사장이 가져야 할 거룩을 잃어버렸습니다.

　일반적인 선입견은 제사장의 자녀이니 거하게 잘 키울것이라고 생각하지만 제사장도 자녀 교육에 실패할 수 있다는 것을 기억해야 합니다.
　두 자녀는 엘리가 하나님께 예배드리는 모습을 보고 자랐을 것입니다.

　제물을 구별하여 하나님께 드리는 법도 배워야 했습니다. 그럼에도 불구하고 자녀들의 행태는 하나님을 모르는 사람들보다 더 악한 모습을 보이고 있습니다.

　부모는 자신도 틀릴 수 있다는 것을 인정할 줄 알아야 합니다.
　겸손하게 하나님 앞에 무릎꿇고 배우고 나가는 자세를 가져야 합니다. 자신도 틀릴 수 있음을 인정할 때 하나님 앞으로 나갈 수 있습니다. 완전하신 하나님께서는 부모의 연약함을 아시기에 실패라는 의미보다 훈련이라는 격려로 힘을 주실 것입니다. 하나님께 묻고 배우는 부모는 하나님께서 지도해 주십니다.

　자녀의 잘못을 보고 책임을 회피하는 것은 부모의
　잘못입니다.

　엘리는 제사장으로서의 권위를 이용해 아들들을 징계하거나 그들의 직분을 박탈하지 않았습니다. 이는 부모가 자녀의 잘못에 대해 적절한 책임을 지고 행동해야 함에도 그 책임을 회피한 것입니다. 일관된 훈육을 하지 못한 것입니다.

　이에 하나님께서는 엘리에게 이 행동이 잘못된 것임을 말씀하십니다.

　"너희는 어찌하여 내가 내 처소에서 명령한 내 제물과 예물을 밟으며 네 아들들을 나보다 더 중히 여겨 내 백성 이스라엘이 드

리는 가장 좋은 것으로 너희들을 살지게 하느냐."(삼상2:29)

엘리는 제사장의 신분으로서 하나님을 경외하는 것을 자녀들에게 가르쳐야 함에도 불구하고 자녀들을 하나님보다 더 소중히 여겼던 것입니다. 그렇기에 자녀들의 죄 앞에서도 눈을 감았던 것입니다. 결국 엘리는 제사장이라는 영적 지도자로서의 권위도 잃어버리고 가정에서도 부모로서의 권위를 상실해 버린 것입니다.

"오늘 내게 네게 명하는 이 말씀을 너는 마음에 새기고 네 자녀에게 부지런히 가르치며 집에 앉았을 때에든지 길을 갈 때에든지 누워 있을 때에든지 일어날 때에든지 이 말씀을 강론할 것이며."(신명기6:6-7절)

엘리는 제사장의 직분을 감당하면서 자녀들에게 하나님의 말씀을 가르치지 않았습니다. 부모에게 주신 영적 권위로 하나님의 말씀을 가르쳤다면 자녀들의 인생이 달라졌을 것입니다. 그리고 하나님 앞에서 범죄하는 일도 없었을 것입니다.

결국 하나님은 이 가정을 심판하시겠다고 하셨습니다. 엘리의 두 아들은 전쟁 중에 죽고 엘리도 이 소식을 듣고 의자에 앉아 있다가 넘어져서 죽습니다.

영적인 권위로 훈육과 책임을 져야 합니다.

부모는 영적인 자도자로서 자녀의 잘못에 대한 훈육을 하고 이에 대한 책임을 져야합니다. 자녀를 사랑한다는 이유로 방관해서는 안 됩니다. 자녀의 인지능력과 영적인 분별력은 아직 미숙하기에 부모가 하나님의 말씀의 기준안에서 바른 지도를 해주어야 합니다. 자녀를 바른 길로 인도하는 것은 부모의 사명입니다.

부모가 바른 훈육을 하기 위해서는 하나님의 말씀 안에서 사랑과 권위를 균형있게 실천하는 것이 중요합니다. 신명기는 "쉐마"(들으라)로서 6장은 자녀들을 잘 양육하는 길을 제시하고 있습니다. 그런데 순서가 있습니다.

먼저 "너는 마음을 다하고 뜻을 다하고 힘을 다하여 네 하나님 여호와를 사랑하라."라고 하여 부모가 하나님을 사랑하는 것을 말씀하고 있습니다. 부모가 자녀 앞에서 하나님을 경외하고 사랑하는 것을 보여주라는 것입니다.

그리고 나서
"이것을 네 자녀에게 부지런히 가르치라."(신명기6:7)

훈육은 자녀에게 회초리를 들고 냉정한 말투와 눈빛으로 자녀를 억압하는 것이 아닙니다. 또는 구약 성경을 펴두고 "부모를 거역하는 자녀는 돌로 쳐 죽여도 된다."는 식의 협박을 하는 것이 아닙니다.

하나님 앞에서의 훈육은 부모의 신앙을 보고 자녀들이 기독교 가치관을 가지고 신앙이 자라도록 돕는 것을 말합니다. 즉 훈육을 통하여 자녀가 부모의 사랑을 깨닫고 하나님 앞에서 바르게 자라기를 다짐하도록 하는 것입니다.

바른 훈육을 받고 자란 자녀는 잘못을 했을 때 거짓말을 하거나 회피하지 않고 솔직하게 말하고 그에 따른 책임을 지게 됩니다. 왜냐하면 훈육을 하는 부모의 사랑을 신뢰하게 되기 때문입니다. 이렇게 자란 아이는 책임감이 높아지고 사회생활에서도 신뢰를 얻는 사람으로 자라게 됩니다.

부모는 하나님께서 주신 영적인 권위로 일관된 훈육과 책임을 다하는 축복의 통로가 되어야 합니다.

♥지니둘 이야기 ♥

아이가 청소년기가 되면 하루에도 몇 번씩 부모를 깜짝 놀라게 합니다. 그럴 때마다 민감한 반응을 보이면 부모가 기대하는 결과와는 정반대의 결과를 초래하기에 인내와 지혜가 필요합니다.

저희 아이도 청소년기 시절을 밝고 활기차게 보냈습니다.

다양한 친구들을 만나보기도 하고 교복 치마 단을 유행에 따라 짧게 잘라서 입어 보기도 했습니다. 그럼에도 부모와의 관계는 늘 소통을 잘 해 주었기에 고마운 마음으로 대화와 경청으로 잘 지냈습니다. 그러던 어느 날, 학교 생활지도 선생님으로부터 전화가 왔습니다. 아이 문제로 상의할 것이 있으니 교무실로 오라는 것이었습니다.

부랴부랴 달려 간 제 눈에 들어 온 것은 십 여명의 아이들이 교무실에 서 있고 그 속에 저희 아이도 있었습니다. 저와 눈이 마주친 순간 아이의 눈은 무엇인가를 말하고 있었습니다. 아무일 없을 것이라고 고개를 끄덕여 준 다음 선생님과의 상담을 시작했습니다. 선생님의 말씀은 우리 아이가 친구들과 함께 다른 학생을 괴롭혔다는 것이었습니다. 도무지 이해할 수 없는 말이었습니다. 우리 아이는 어릴 때부터 친구를 너무 좋아해서 오히려 걱정을 할 정도였지 다른 친구를 괴롭힐 아이는 아니었기 때문입니다. 무엇인가 잘못 되었다는 생각에 아이와 이야기를 해 보겠다고 한 다음 아이를 데리고 나왔습니다.

아이에게 자초지종을 묻자 아이는 하염없이 울기만 하였습니다. 한참을 기다려도 울다가 잠시 멈추었다가 무엇인가 생각을 하는듯하더니 또 울기를 몇 번을 거듭했습니다. 말없이 기다리는 제 마음 속에도 수만가지의 생각이 스쳐갔습니다. "정말 가담한 것인가, 아니면 억울한 일을 당한 것인가..."

한참을 울던 아이는 진정을 하고 말을 하기 시작했습니다.

자신의 친한 친구가 다른 친구로부터 억울한 일을 당하는 것을 보고만 있을 수가 없어서 그 친구에게 항변하는 말을 했다가 그 친구가 싸움 잘하는 언니들을 데려와서 문제가 커졌다는 것입니다. 그 과정에 선생님들이 오셔서 조사를 하는 과정에 언니들이 모든 문제를 우리 아이에게 덮어 씌웠다는 것입니다. 이에 선생님은 한마디 질문도 없이 언니들의 말만 믿고 바로 부모에게 전화를 한 것이 아이에게는 억울하여 하염없이 눈물이 났던 것입니다.

아이의 말을 들으며 공감을 해 주고 위로해 줄 부분과 훈육을 해야 할 부분을 나누어 생각했습니다. 청소년기여서 친구 관계 형성의 성숙함이 이루어지고 있는 시기여서 더욱 신중한 훈육이 필요했던 것입니다.

아이를 데리고 교회의 기도실로 갔습니다. 그리고 아이를 안고 하나님께 오늘 있었던 일들을 기도로 아뢰고 하나님께서 아이의 속상한 마음을 위로해 주시길 기도해 주었습니다. 아이는 기도 속에서 얼마나 속상했는지 한참을 울었습니다. 그리고 기도실에서 아이와 많은 이야기를 나누었습니다. 친구를 진정으로 도와주는 방법과 다른 사람에게 화가 나도 하나님 앞에서 정중하고 논리적으로 대응하는 방법 등을 나누며 아픔만큼 성숙해지는 아이의 앞길을 축복했습니다.

제5계명 : 훈육에 책임을 지라

「홉니와 비느하스의 아버지 엘리」

Ⅰ. 말씀 기억하기

1) 제사장이어도 자녀 교육에 실패할 수 있습니다.

2) 자녀의 잘못을 보고 책임을 회피하는 것은 부모의
   잘못입니다.

3) 영적인 권위로 훈육과 책임을 져야 합니다.

Ⅱ. 결단하고 실천하기

1) 이번 과에서 느끼고 결단한 부분은 무엇인가요?

2) 이번 주에 실천할 부분은 무엇인가요?

제 6계명 ♥ 잠재력을 지원하라
「다윗의 아버지 이새」

부모는 자녀의 외형보다 중심을 볼 줄 알아야 합니다.

이새는 다윗의 아버지로 베들레헴에서 농부이자 양을 치는 사람이었습니다. 그에게는 아들이 여덟명 있었습니다. 일곱 명의 아들은 잘 생겼고 아버지의 마음에 흡족하였습니다. 다윗은 그중에 막내로서 다른 형들보다 아버지의 기준에 미치지 못하였습니다. 그래서 아버지는 어린 다윗을 들에 양을 치는 일을 맡겼습니다. 아버지의 기준은 자녀의 외모와 사회적인 기준이었기에 부족해 보이는 막내의 가능성을 전혀 인식하지 못했습니다.

하나님께서 사무엘을 통하여 이스라엘의 왕을 세우고자 이새의 집을 방문하도록 하셨습니다. 이새는 자신있게 첫째 아들 엘리압을 포함하여 일곱 명의 아들을 보여주었습니다. 이미 이새의 마음에 다윗은 왕의 후보로 생각조차 하지 않았기 때문입니다. 그러나 하나님께서는 사람의 외모를 보지않고 중심(마음)을 보신다고 말씀하셨습니다.

"여호와께서 사무엘에게 이르시되 그의 용모와 키를 보지 말라 내가 이미 그를 버렸노라. 내가 보는 것은 사람과 같지 아니하니 사람은 외모를 보거니와 나 여호와는 중심을 보느니라 하시더라."(사무엘상16:7)

하나님을 믿는 부모도 종종 이런 실수를 하게 됩니다. 자녀를 하나님께서 보내주신 보물로 여기고 양육하다가도 어느 순간 세상적 기준인 외모, 학력, 성공으로 평가하게 됩니다. 그러나 이 방법은 하나님의 기준이 아님을 기억해야 합니다. 자녀를 이 땅에 보내신 하나님께서는 자녀 각각에게 맞는 재능과 사명을 주셨습니다.

그리고 그것을 부모가 발견하고 잘 발휘할 수 있도록 양육하라고 하십니다. 이것이 부모의 사명입니다.

부모는 자녀의 잠재력을 찾아내고 격려해 주어야 합니다.

자녀를 양육하다 보면 흔히 하는 말이 "누구를 닮아서 저러는 거야?"입니다. 이 말은 긍정의 의미보다는 자녀가 마음에 들지 않는 행동을 하거나 부모의 기대에 미치지 못할 때 사용하는 말입니다. 그러나 자녀는 육신의 부모의 DNA를 닮기 전에 하나님의 형상을 닮은 존재임을 기억해야 합니다.

그리고 자녀에게 숨겨 둔 하나님의 잠재력을 찾아낼 줄 알아야 합니다. 그 눈은 학교 선생님이나 인재 개발 전문가가 아닌 부모에게 주신 특권입니다.

다윗은 막내인데다 키도 크지 않아서 눈에 띄지 않는 아이였습니다. 아버지 이새마저도 다윗을 신경 쓰지 않았으며 하나님의 마음으로 바라보지 못했습니다.

그랬기 때문에 사무엘이 자녀를 모두 데려오라고 했을 때 다 윗은 자녀의 명단에도 없는 아이로 여겨졌습니다. 그러니 다윗 이 무엇을 좋아하는지, 무엇을 잘 하는지 관심조차 가지지 못한 것입니다. 부모가 자녀를 인식하지 못한 것은 참으로 슬픈 일입 니다.

부모는 자녀가 아무리 부족하고 연약해도 끝까지 품고 인내하 며 사랑하고 가야 할 유일한 존재입니다. 부모의 관심은 자녀의 장래를 열어주고 하나님의 비전과 사명을 감당해 가는 자녀로 성장하게 해 주는 축복의 통로가 됩니다. 그러나 대부분 부모의 관심은 자녀에게 있지 않고 사회적 기준에 자녀를 맞추려고 하 기에 숨겨진 보물을 외면하게 됩니다.

다윗은 엄청난 잠재력을 가진 아이였습니다.

하나님께서 다윗에게 찬양을 잘하는 목소리를 주셨고, 악기를 연주할 줄 아는 능력도 주셨고, 동물들을 보살피는 지혜와 돌팔 매질을 잘 할 수 있는 팔의 힘과 끈기와 용기도 주셨습니다.

다윗은 들판에서 혼자 양을 칠 때 심심하고 무서울 수도 있었지만 그런 시간을 하나님을 찬양하는 시간으로 사용했습니다. 아무도 없는 곳 같았지만 귀를 기울여 다윗의 찬양을 들으신 한 분이 있었으니 전능하신 하나님이셨습니다.

그리고 사울이 악령에 시달림을 받을 때도 다윗이 사울 앞에서 수금을 들고 연주하면 사울의 악령이 떠나가고 평안해지기도 하였습니다

"하나님께서 부리시는 악령이 사울에게 이를 때에 다윗이 수금을 들고 와서 손으로 탄즉 사울이 상쾌하여 낫고 악령이 그에게서 떠나더라."(사무엘상16:23)

또한 양들을 돌볼 때도 양을 공격하는 들짐승들이 나타날 때도 돌팔매로 물리치고 양들을 돌보았습니다. 심지어 아버지의 심부름으로 전쟁에 나가 있는 형들을 찾아보러 갔을 때 이스라엘을 공격하고 하나님을 비난하는 골리앗을 한 방에 무너뜨린 용감한 아이가 다윗이었습니다. 다윗의 중심에는 하나님을 사랑

하는 마음과 자신을 돌보아 주시는 분이 하나님이심을 분명히 알고 자존감이 높은 아이로 자라고 있었던 것입니다.

이스라엘의 왕 뿐만 아이라 모든 장정들이 무서워 벌벌 떠는 골리앗 앞에서 다윗은 담대하게 외칩니다.

"너는 칼과 창과 단창으로 내게 나아 오거니와 나는 만군의 여호와의 이름 곧 네가 모욕하는 이스라엘 군대의 하나님의 이름으로 네게 나아가노라."(사무엘상17:45절)

다윗의 아버지 이새는 다윗의 이런 점을 발견하지 못했습니다. 관심이 없었기에 하나님께서 주신 잠재력을 발견하지도 못하고 기도하고 격려해 주지도 못했던 것입니다. 자녀를 주님의 눈으로 보면 하나님의 숨겨 둔 보석이 보입니다. 그것을 발견하고 빛나게 해 주는 통로가 부모입니다.

자녀 잠재력을 키워주는 방법

자녀의 잠재력을 키워주는 것은 자녀의 인격과 재능과 신앙에 큰 도움을 줍니다.

1. 자녀는 하나님의 선물임을 인정하기

자녀는 하나님께서 주신 상급이라고 성경은 말하고 있습니다.

"보라, 자식들은 여호와의 기업이요, 태의 열매는 그의 상급이로다."(시편127:3절)

부모는 자녀를 태중에서부터 하나님께서 주신 상급임을 인정해야 출산후에도 신앙적으로 양육할 수 있습니다. 그리고 자녀의 모습이 어떠하든 하나님의 선하신 계획이 아이의 인생에 계획되어 있음을 믿음으로 인정하고 바라보아야 합니다. 자녀가 하나님으로부터 왔음을 인식할 때 하나님께서 숨겨 두신 잠재력을 발견하게 됩니다.

2. 하나님으로부터 잠재력을 개발하기

대부분의 부모님은 아이들이 속한 공동체(유치원, 학교, 학원)에서 자녀의 잠재력을 개발시키는 방법을 찾으려고 합니다. 그러나 하나님께서는 세상의 방법이 아닌 하나님의 방법으로 잠재력을 개발하도록 성경에 제시를 해 주고 있습니다. 성경은 자녀에게 칭찬과 격려로 양육하라고 합니다. 오래 참아주고 온유하게 대하며 무례하게 행하지 말라고 고린도전서 13장은 말하고 있습니다.

이렇게 칭찬과 격려를 받고 자란 자녀는 긍정적이고 자신의 가능성을 믿는 아이로 성장을 하게 되며 잠재력을 발휘할 수 있게 됩니다.

3. 기도로 축복하고 개성을 존중하기

부모는 자녀의 근원이 하나님임을 알게 되면 아이의 주인이 하나님이심도 알게 됩니다. 그러면 그 분께 자녀 양육의 바른 길을 묻게 됩니다. 이것이 자녀를 키우는 부모의 기도입니다. 내가 원하는 방향으로 자녀를 키워달라고 하소연하는 것이 아니라 "제가 어떻게 할까요?"를 물으며 하나님이 원하는 방식으로의 교육을 하는 것입니다. 그러므로 자녀를 둔 부모는 자녀를 위한 기도를 쉬어서는 안 됩니다.

그리고 자녀에게 주신 각각의 개성을 존중해 주어야 합니다. 자녀 속에는 하나님의 형상이 있기에 세상과 부모의 기대에 부응하는 모습이 아니더라도 하나님의 기대에는 충분한 아이임을 인정하고 존중해야 합니다.

"우리는 그의 만드신 바라, 그리스도 예수 안에서 선한 일을 위하여 지으심을 받은 자니"(에베소서2:10절)

♡지니둘 이야기♡

저희 가정에도 어여쁜 딸 둘을 주셨습니다. 큰 아이는 무척 활달하고 사람을 좋아하고 앞에서 리드하는 것을 좋아합니다. 반면 작은 아이는 조용하고 내성적이며 신중하고 성실합니다.

유아기를 거쳐 성장해 가는 과정에서 두 아이의 다름은 확연히 나타났습니다.

큰 아이는 눈을 뜨면 자신이 코디를 한 옷을 입고 예쁘게 단장을 한 다음 제게 카메라를 들고 촬영을 하라고 합니다. 자신은 마이크를 들고 노래를 부르기도 하고 다른 사람에게 인터뷰를 하기도 하는데 그 표정이 너무 행복해 보입니다. 그리고 자신을 촬영한 부분을 반드시 확인하고 흡족해 합니다.

작은 아이는 언니가 마이크를 들면 도망을 가기 시작합니다. 언니에게 인터뷰 당하는 것도 싫고 끌려가서 노래를 부르는 것은 더더욱 싫기 때문입니다.

그리고 자신은 조용하게 앉아서 그림책을 보거나 인형을 눕혀 놓고 청진기를 대며 인형놀이를 합니다.

유치원 생활을 할 때도 큰 아이는 하루가 멀다하고 유치원 친구들을 집으로 데려 옵니다. 우리 부부가 유치원의 모든 아이들을 알 정도로 친구들을 좋아했습니다. 생일잔치를 할 때는 집의 공간이 부족해서 3차에 걸쳐 파티를 하기도 했습니다. 그러나 작은 아이는 전혀 달랐습니다. 유치원에 가보면 꼿꼿하고 바르게 앉아서 선생님 말씀을 경청하고 쉬는 시간에도 유치원 바닥이 꺼질세라 조용조용 걷는 아이였습니다. 친구도 친한 친구 세명 정도와 아주 깊고 친밀하게 지내는 모습이었습니다.

이토록 성향도 다르고 관심도 다른 아이들을 키우며 우리 부부에게 필요한 것은 하나님 아버지의 마음과 지혜였습니다. 큰 아이는 큰 아이대로의 모습과 성향을 존중하고 그 방향으로 개발해주고자 방법을 찾았고, 작은 아이는 작은 아이대로의 길을 축복하며 격려해 주었습니다.

중고등학생이 되어 진로를 결정하는 과정에서 부모가 해 줄 수 있는 것은 어린시절 찍어 두었던 자료를 보여주고, 아이들이 관심을 보였던 부분과 잘하는 부분들을 나누어주고 하나님의 길을 찾도록 기도해 주는 것이었습니다.

그 결과 지금 큰아이는 방송국 PD로, 작은 아이는 수의사로 하나님께서 주신 은사와 사명의 길을 행복하게 걸어가고 있습니다.

제6계명 : 잠재력을 지원하라

「다윗의 아버지 이새」

Ⅰ. 말씀 기억하기

1) 부모는 자녀의 외형보다 중심을 볼 줄 알아야 합니다.

2) 부모는 자녀의 잠재력을 찾아내고 격려해 주어야 합니다.

Ⅱ. 결단하고 실천하기

1) 이번 과에서 느끼고 결단한 부분은 무엇인가요?

2) 이번 주에 실천할 부분은 무엇인가요?

제 7계명 ♡ 균형을 이루라
「 요나단의 아버지 사울 」

권위를 강조하면 사랑을 잃게 됩니다.

부모가 자녀에게 어떤 환경을 제공하느냐에 따라 자녀의 정서, 대인관계, 자아개념이 달라집니다. 성경에도 권위와 사랑의 균형을 이루지 못한 부모 이야기가 나옵니다. 바로 요나단의 아버지 사울입니다.

사울은 이스라엘의 1대 왕으로 선택되었지만 하나님의 말씀을 순종하지 않아 다윗에게 왕위가 넘어가고 악령에 시달리며 실패한 인생을 살게 됩니다.

"사무엘이 사울에게 이르되 왕이 망령되이 행하였도다. 왕이 왕의 하나님 여호와께서 왕에게 내리신 명령을 지키지 아니하였도다 그리하였더라면 여호와께서 이스라엘 위에 왕의 나라를 영원히 세우셨을 것이거늘."(사무엘상13:13절)

그에게는 아들이 있었는데 요나단입니다. 요나단은 다윗과의 우정을 돈독하게 지킨 사람으로 성경에 소개되고 있습니다.

요나단은 아버지에게도 왕의로 극진한 대우를 해 드리고 자신의 신앙관에 있어서는 독립적인 판단력도 가지고 있었습니다. 그리고 전쟁에서도 뛰어난 지도력과 실력을 보여주었습니다. 아버지가 올바른 판단을 내리지 못할 때는 비판할 줄도 알았습니다. 몇 번이나 다윗을 무고하게 죽이려고 하였지만 요나단은 그럴 때마다 다윗을 구해주었습니다. 성경은 다윗을 향한 요나단의 우정을 아버지와 상관없이 깊은 관계로 말하고 있습니다.

"다윗에 대한 요나단의 사랑이 그를 다시 맹세하게 하였으니 이는 자기 생명을 사랑함 같이 그를 사랑함이었더라."

(사무엘상20:17절)

"내 형제 요나단이여 내가 그대를 애통함은 그대는 내게 심히 아름다움이라 그대가 나를 사랑함이 기이하여 여인의 사랑보다 더하였도다."(사무엘하1:26절)

그럼에도 불구하고 사울은 아들 요나단을 향한 권위를 과도하게 내세웠습니다.

블레셋과의 전쟁에서 사울은 병사들에게 금식 명령을 내렸는데 요나단은 그것을 알지 못하고 꿀을 먹었습니다. 이 문제로 사울은 요나단을 죽이려고까지 했습니다.

"사울이 이르되 요나단아 네가 반드시 죽으리라 그렇지 않으면 하나님이 내게 벌을 내리시고 또 내리시기를 원하노라 하니."(사무엘상14:44절)

이는 사울이 자녀에 대한 사랑보다 자신의 명령과 체면을 우선시하며 권위를 내세운 모습으로 보입니다.

권위주의적인 교육이 주는 영향은 심각합니다.

권위주의적인 부모는 자녀를 통제하고 강압과 명령에 의하여 양육을 합니다. 부모는 그것이 자녀가 잘 되는 길이라고 확신하지만 결국은 자녀의 인생을 망치게 되는 길입니다.

권위주의적인 교육은 긍정적인 영향보다 부정적인 영향이 많습니다. 자녀 스스로 부모로부터 인정을 받지 못하고 사랑을 받지 못함을 알기에 "나는 쓸모없는 존재다, 나는 이 세상에 실수로 태어났다."는 정체성을 갖게 됩니다. 이것은 성경적 정체성과도 거리가 먼 것입니다. 자녀는 무엇을 하든 부모에게 감시와 비판을 받을 것이라는 부담이 어깨를 누르고 자유와 행복을 앗아가 버립니다.

이러한 생각은 다음과 같은 유형으로 나타납니다.

반항적 유형 : 부모의 통제와 억압에 반발을 하거나 대항을 하는 태도를 보입니다. 즉 말대꾸를 하고나 가출을 하고 부모가 원

하는 방향과 정반대의 행동을 보임으로써 부모의 요구에 동의하지 못함을 표현하는 것입니다.

의존적 유형 : 이것은 반항적 유형과 반대되는 것으로 이미 부모의 명령과 통제에 자신의 의사표현을 포기해 버린 것입니다. 능동적으로 대처하는 것을 잃어버리고 수동적으로 시키는대로 따라가는 것입니다. 부모는 이런 아이의 모습이 만족스러울지 모르지만 결국 아이는 이런 통제와 지시 속에 자신을 잃어버린 인생이 되어가는 것입니다.

정서적 불안 유형 : 언제 부모로부터 꾸지람과 비난을 받을지 모르기 때문에 늘 불안하고 초조한 시간을 보냅니다. 지속적인 긴장과 불안으로 우울감이 높아지고 과도한 스트레스로 인하여 세상과 단절하고 싶은 마음이 생기게 됩니다.

하나님께서 보낸 자녀가 세상을 등지고 숨을 제대로 쉬지 못한 채 어둠 속에서 고통받고 있는 것을 권위주의적인 부모는 알지 못합니다. 왜냐하면 자녀의 신음소리를 제대로 들어보지 못했기 때문입니다. 권위주의적인 부모는 그것이 자녀를 잘되게 하는 방법이라고 확신하고 있기 때문입니다. 자녀가 숨어있는 것은 부모에게 반항한다고 생각하기 때문입니다. 자녀의 입장에서 자녀의 눈을 마주보고 왜 힘들어 하는지 들어보는 사랑이 회복되어야 합니다.

권위와 사랑으로 균형있게 양육하면 행복하게 자랍니다.

성경에서도 부모는 자녀에게 사랑 안에서 하나님이 주신 권위로 양육하라고 합니다.

"또 아비들아 너희 자녀를 노엽게 하지 말고 오직 주의 교훈과 훈계로 양육하라."(에베소서 6:4절)

부모라는 권위는 자신이 만들어 가는 것이 아니라 하나님께서 부여해 주신 은혜입니다. 그러므로 하나님께서 부모의 자리에 두셨을 때 건강한 권위로 자녀를 지도해야 합니다.

부모의 권위를 알기 위해서는 하나님께서 우리를 어떻게 대하시는지를 생각하면 알 수 있습니다.

하나님은 우리에게 명령을 주시되 강압을 하지 않고 분명한 규칙과 이해를 시켜 주십니다. 그리고 지적과 비난이 아닌 문제를 해결할 지혜를 가르쳐 주십니다. 또한 우리의 감정과 의견을 존중해 주시며 진심으로 들어주시는 태도를 보여주십니다. 하나님의 방법을 따르는 부모가 되어야 합니다.

"너는 가서 북을 향하여 이 말을 선포하여 이르라 여호와께서 이르시되 배역한 이스라엘아 돌아오라 나의 노한 얼굴을 너희에게로 향하지 아니하리라 나는 긍휼이 있는 자라 노를 한없이 품지 아니하느니라 여호와의 말씀이니라."(예레미야3:12절)

하나님의 말씀을 거역한 이스라엘 백성들에게 주신 말씀입니다. 하나님께서 권위주의적인 입장에서 행하셨다면 이미 이스라엘은 멸망의 길로 갔을 것입니다. 그러나 하나님께서는 긍휼과 인내로 돌아오기를 기다리시는 그분의 성품을 말씀하고 있습니다. 부모는 하나님의 긍휼과 인내를 배우며 자녀를 양육해야 합니다.

부모의 권위와 사랑 속에 자라는 자녀는

높은 자존감 : 자신이 하나님의 보물임을 알고 부모의 사랑과 지지 속에 자라니 자존감이 높아지게 됩니다. 그리고 불안이나 초조가 아닌 심리적 안정감을 갖게 됩니다.

긍정적인 자아개념 : 자존감이 높은 아이는 자신에 대한 정체성이 건강하기 때문에 긍정적인 자아개념에 생기게 됩니다. 그리고 사랑 계좌(사랑을 많이 받고 자라면 사랑에 대한 인식이 은행 계좌처럼 높아짐)가 높아져서 웬만한 문제 앞에서는 실의에 빠지거나 낙심하지 않습니다. 오히려 문제 앞에서 감정조절 능력과 문제해결 능력의 탁월함을 보여주기도 합니다. 그리고 주어진 문제를 불평이나 비난이 아닌 긍정과 희망의 눈으로 보고 은혜받을 기회로 삼기도 합니다.

대인관계에서는

타인과의 감정교류가 원만하게 이루어지고 공감 능력이 뛰어나며 신뢰를 기반으로 교제의 폭이 깊어지기도 합니다. 원만한 의사소통을 이루며 협력관계를 잘 이루어 공동체에 필요한 사람으로 인정을 받게 됩니다. 자신이 소중한만큼 다른 사람도 소중하다는 것을 알기 때문에 존중과 배려가 자연스럽게 이루어집니다. 건강한 공동체 안에서 책임감을 발휘하는 리더로 인정받기도 합니다.

부모가 권위와 사랑으로 균형있게 하려면

부모가 권위(authority)와 사랑(love)을 균형있게 양육하는 것은 중요하지만 쉬운 일은 아닙니다. 하나님께서는 자녀를 사랑하되 주의 교훈과 말씀으로 양육하라고 합니다.

1. 자녀는 부모의 권위를 하나님께서 주신 것이므로 순종해야 합니다.

"자녀들아 주 안에서 너희 부모에게 순종하라 이것이 옳으니라 네 아버지와 어머니를 공경하라 이것은 약속이 있는 첫 계명이니 이로써 네가 잘되고 땅에서 장수하리라."(에베소서6:1-3절)

2. 부모는 자녀를 사랑으로 양육해야 합니다.

"아비들아 너희 자녀를 노엽게 하지 말지니 낙심할까 하노라."(골로새서3:21절)

3. 명령이 아닌 하나님 말씀 안에서 규칙을 세워야 합니다.

"또 아비들아 너희 자녀를 노엽게 하지 말고 오직 주의 교훈과 훈계로 양육하라."(에베소서6:4절)

4.부모의 말과 행동이 모범을 보여야 합니다.

"내가 그리스도를 본받는 자가 된 것 같이 너희는 나를 본받는 자가 되라."(고린도전서11:1절)

사랑이 있는 권위는 자녀가 부모를 신뢰하고 세상에 당당하게 나갈 수 있는 안정감을 주고, 권위가 있는 사랑은 자녀를 하나님을 경외하고 세상에서도 바르게 살아가는 사람으로 키워줍니다. 부모가 하나님 말씀대로 자녀를 양육할 때 자녀는 하나님의 기쁨과 부모의 자랑이 됩니다.

부모는 자녀의 소속이 하나님께 있음을 분명히 알고 자녀의 독립성을 존중하며 일방적인 지시나 명령보다 하나님의 시선과 마음으로 대해야 합니다.

규칙과 수정을 요구할 때도 자녀의 인격을 존중하고 상호 열린 질문으로 대해야 합니다. 나의 기준이 아닌 하나님의 기준이 되어 대하면 부모와 자녀 안에 계신 그리스도께서 성령 안에서 마음과 생각을 지켜 주십니다. 그리고 평안과 지혜로 인도해 주십니다. 이것을 믿고 담대하게 실천하는 것이 그리스도인 부모의 권위이고 사랑입니다.

사울과 요나단의 관계를 통하여 부모와 자녀 사이의 갈등과 사랑, 그리고 신앙과 가치관의 중요성을 알게 됩니다. 부모는 자녀에게 권위만 강조하기보다, 예수 그리스도 안에서 사랑으로 양육해야 합니다. 또한 자녀의 독립성과 신앙적 성장을 존중하며 감정적으로 성숙하게 관계를 형성해야 합니다. 하나님께서 부여해 주신 부모의 권위와 사랑이 적절한 균형을 이루어 교육할 때 자녀는 정서적으로나 대인관계 면으로나 자아형성에 있어서 영과 육이 건강한 하나님의 사람으로 성장하게 됩니다.

♡지니둘 이야기 ♡

어느 날 둘째 아이가 유치원을 다녀오더니 팔짱을 끼고 서서 누군가를 혼내는 포즈로 "김OO 바보 멍청이야!"라고 하는 것입니다. 화들짝 놀라서 아이에게 누가 그런 말을 했냐고 하자 아이는 지레 겁을 먹고 울음을 터뜨렸습니다. 마치 엄마가 화가 나서 나무라는 듯한 느낌을 받은 모양입니다.

그때는 저도 놀란 나머지 감정적인 반응이 먼저 나와 버렸기 때문에 아이가 더욱 놀란 것입니다.

집에서는 항상 다른 사람이나 친구를 욕하거나 비난하는 것이 아니라 칭찬하고 소중히 여기는 것이라고 가르쳤는데 갑자기 그런 말을 들으니까 저도 당황을 한 것입니다. 우는 아이를 달래고 잠시 이야기를 미루었습니다.

한참이 지난 후 아이는 유치원에서 어떤 친구가 다른 친구에게 선생님의 질문에 대답을 못하자 그런 말을 했다고 합니다. 친구들이 깔깔거리고 웃는 모습이 신기해서 집에 와서 한번 따라 해 보았다고 합니다.

호기심에 한 말이라고 가볍게 지나가기에는 조심스러운 부분이었습니다. 그렇다고 아이에게 그 부분을 다시 언급하는 것은 지적같은 느낌이 들 것 같아서 하나님의 지혜를 구하였습니다.

그 때 머릿속을 스쳐 간 것은 "이제 가정 예배를 드릴 때가 되었구나."였습니다. 아이들이 가장 편안한 날을 정하여 가정 예배를 시작했습니다.

순서는 "찬양-기도-말씀나눔-기도제목 나누기"였고 아이들이 맡고 싶은 부분을 자유롭게 하기로 했습니다. 마이크 잡고 사회 보기를 좋아하는 큰딸이 예배를 인도하기로 했습니다. 조용하고 차분한 둘째가 말씀을 읽겠다고 합니다. 다섯 살밖에 안 되었는데 말이지요.

　큰 아이는 교회에서 본 것을 잘 익히고 있어서인지 제법 인도를 잘 했습니다. 찬양도 교회학교에서 배운 것 중에 자신있는 것을 불렀습니다. 찬양 음악에 맞춰 저절로 율동도 하며 이곳저곳 뛰어다니며 찬양을 합니다. 기도는 짧고 간단하게 아이들의 언어로 마쳤습니다. 마침내 성경을 읽을 시간이 되었습니다.

　시편을 처음부터 한 장 씩 하기로 했는데 다섯 살 짜리 아이에게는 시편 1편의 내용도 읽기가 버거웠습니다. 그래도 전혀 도움을 받지 않고 본인이 읽겠다는 것을 모두 존중해 주기로 했습니다. "복 있는 사람은 악인들의 길에 서지 아니하며...."한 마디를 읽는 데 오분 이상이 걸렸습니다. 점점 시간이 길어지자 큰 아이는 앉아있기가 힘들었는지 스르르 눕기 시작했습니다. 그래도 작은 아이는 하나님 말씀을 본인이 읽을거라고 더듬더듬 읽어 내려갔습니다.

얼마를 지났을까 그래도 읽기를 다 마치자 큰 아이는 그만 잠이 들어버리고 말았습니다. 그날의 가정예배는 그렇게 마쳤습니다.

이런 식으로 아이들과 가정에서 시간을 드려 예배를 드리며 차츰 하나님에 대한 이야기를 하는 시간이 많아지게 되었습니다.

그것이 습관이 되어서 아이들이 중학생, 고등학생이 되었을 때 아침 자율학습 시간을 시편으로 묵상을 하며 하루를 시작하는 습관이 생겼습니다. 하나님께서는 이런 아이들의 모습을 기억하시고 전교 1등의 자리를 주셨고 아이들도 하나님을 경외하며 학창시절을 보내게 되었습니다.

부모의 권위와 사랑을 어떻게 가르쳐야 할지 잘 모를 때 시작
한 것이 가정예배였습니다. 하나님께서 우리 가정을 인도해 주
시면 아이들이 그 속에서 잘 자랄 것이라는 확신이 들었기 때문
입니다. 그런데 가정 예배를 드리다보니 부모의 권위를 저절로
세워주셨고 아이들이 하나님의 말씀 안에서 사랑 받으며 자라는
것을 보게 되었습니다.

제 7계명 : 균형을 이루라

「요나단의 아버지 사울」

Ⅰ. 말씀 기억하기

1) 권위를 강조하면 사랑을 잃게 됩니다.

2) 권위주의적인 교육이 주는 영향은 심각합니다.

3) 권위와 사랑으로 균형있게 양육하면 행복하게 자랍니다.

Ⅱ. 결단하고 실천하기

1) 이번 과에서 느끼고 결단한 부분은 무엇인가요?

2) 이번 주에 실천할 부분은 무엇인가요?

행복한 부모 십계명
08 사명에 헌신하라

제 8계명 ♡ 사명에 헌신하라
「 세례요한의 부모 사가랴와 엘리사벳 」

자녀의 사명을 발견한 부모는 기쁨으로 헌신합니다.

"그 부모의 그 자녀"라는 말이 있습니다. 부모를 보면 자녀가 그려지고 자녀를 보면 부모가 어떤 사람인지 연상이 되는 부분을 표현한 말입니다. 그만큼 부모의 양육 태도나 신앙의 모습이 자녀에게 영향을 미친다는 말이기도 합니다.

신약 성경에 부모의 헌신적인 양육으로 자녀가 하나님의 사명을 잘 감당하도록 도운 대표적인 인물이 세례 요한의 부모입니다.

세례 요한은 예수님의 사역의 길을 예비한 사람으로 많이 알려져 있습니다.

세례 요한이 예수님의 길을 예비하는 귀한 사명을 감당하게 된 배경에는 하나님의 예정된 계획과 함께 신앙이 깊은 부모님의 헌신이 있었기 때문입니다.

세례 요한의 아버지 사가랴는 제사장이었으며, 어머니 엘리사벳은 아론의 후손이었습니다. 성경은 이들 부부가 "하나님 앞에서 의인이니 주의 모든 계명과 규례대로 흠이 없이 행하더라."(누가복음 1:6)고 말합니다. 이렇듯 부부가 하나님 앞에 의롭고 흠이 없이 살았습니다. 어린 세례 요한에게 영향을 미치는 것은 부모의 삶의 모습인데 세례요한은 부모가 하나님을 경외하는 것을 보고 자랐습니다. 부모의 삶 자체가 신앙의 본보기가 되고 교육이 되었던 것입니다.

세례요한의 출생은 제사장인 아버지가 성전에서 기도하던 중 하나님의 음성을 듣게 됩니다. 아버지는 너무 놀라 믿지 못하여 말을 못하게 되는 일을 경험하게 됩니다. 그리고 하나님께서 세례요한이 하나님의 일을 하는 사람이 될 것이라고 하셨을 때 바로 순종하는 믿음을 보였습니다.

부모는 자녀에 대한 하나님의 말씀을 듣고 자신의 기대와 다를지라도 바로 순종할 때 그 자녀를 하나님께서 인도해 주십니다.

자녀의 이름을 "요한"이라고 순종하여 짓고(요한복음1:63절) 자녀가 하나님께서 보낸 존재임을 인정하고 하나님의 계획대로 성장하도록 도왔습니다.

"이는 그가 주 앞에 큰 자가 되며 포도주나 독한 술을 마시지 아니하며...그들의 하나님께로 많이 돌아오게 하겠습니다."(누가복음1:15-16절)

부모는 자녀가 사명을 감당하기 위해 거룩한 삶을
살도록 돕습니다.

하나님의 사명을 감당하기 위하여 세례요한이 거룩한 삶을 살
도록 도왔습니다.

나실인으로 사는 것을 가르쳤습니다.
그리고 세례요한 스스로가 어떤 사명을 감당하며 살아야 하는
지도 가르쳤습니다.

"이 아이여, 네가 지극히 높으신 이의 선지자라 일컬음을 받고
주 앞에 앞서가서 그의 길을 준비하리니..."(누가복음1:76절)

부모의 가르침을 받은 자녀는 자신의 사명을 깨닫고 그 길을
순종하는 마음으로 걸어가게 됩니다. 그리고 사명의 길을 혼자
가는 것이 아니라 부모가 뒤에서 기도하고 있음을 알기에 자신
있게 걸어갈 수 있는 것입니다.

이것은 자녀가 인생의 목적을 알아가는 중요한 내용이기도 합니다.

부모는 자녀의 인생의 목적이 자신의 안위가 아닌 하나님의 영광을 위한 것임을 분명히 가르치는 것이 중요합니다. 그러므로 자녀의 인생에 대한 목적을 분명히 아는 부모는 자녀가 잘 되었을 때에도 자랑보다는 하나님께 영광을 돌리게 됩니다. 부모는 이 부분을 자녀에게 가르쳐야 합니다. 인생의 성공도 하나님의 은혜이며 자신이 이룬 것 뒤에는 하나님의 도우심이 있었음을 기억하도록 교육해야 합니다.

사가랴와 엘레사벳은 세례요한이 하나님의 중요한 사명을 잘 감당하도록 헌신하였습니다. 세례요한이 자랄 때에는 본인들이 신앙의 본을 보였으며, 그 사명을 감당하기 위하여 기도로 지원했으며 하나님께서 하시는 말씀에 순종하는 헌신을 통하여 세례요한이 예수님의 오실 길을 예비하는 중요한 사명을 감당하도록 돕는 역할을 하였습니다.

부모는 자녀가 하나님의 사명을 잘 감당하도록 돕는 조력자(helper)입니다. 조력자는 앞에 나서는 것이 아니라 뒤에서 말없이 지원하는 사람을 의미합니다. 때로는 그림자처럼 말없이 동행해 주고 때로는 따스한 햇살처럼 곁에서 격려해 주며 사명을 잘 이루어낼 수 있도록 돕는 자입니다.

자녀에게 이런 존재는 부모가 가장 좋은 대상입니다. 부모의 헌신은 하나님이 기억해 주시고 자녀의 열매를 통하여 위로해 주실 것입니다.

1. 자녀의 사명을 돕는 방법

부모의 꿈이 아닌 하나님의 뜻을 따르게 가르쳐야합니다.

"사람의 마음에는 많은 계획이 있어도 오직 여호와의 뜻만이 완전히 서리라"(잠언 19:21절)

부모는 자신이 원하는 길을 자녀가 가길 바랍니다. 그러나 하나님이 자녀에게 가지고 있는 뜻을 따르도록 가르치는 것이 중요합니다. 비록 자녀가 원하는 길이 부모의 기대와 다르더라도 응원하고 지원해 주어야 합니다. 세례 요한의 부모는 자신을 따라 제사장의 길을 가라고 독촉하지 않고 하나님의 뜻을 따르도록 가르쳤습니다.

2. 자녀의 은사를 발견하고 격려해 주어야 합니다.

"우리는 그가 만드신 바라 그리스도 예수 안에서 선한 일을 위하여 지으심을 받은 자니 이 일은 전에 하나님께서 예비하사 우리로 그 가운데서 행하게 하려 하심이라."(에베소서2:10절)

하나님은 자녀가 태어날 때 필요한 은사와 재능을 주셨습니다. 부모는 이 부분을 잘 살펴보고 발견할 수 있어야 합니다. 부모가 원하는 대로 만들어 가는 것이 아니라 하나님의 계획을 찾는 것입니다. 그러기 위해서는 자녀가 무엇을 좋아하는지, 어떤 일을 할 때 즐거워하는지를 관찰하고 찾아야 합니다. 자녀가 좋아하는 것이 비록 부모의 기대와 다르더라도 격려하고 칭찬하며 은사를 발휘할 수 있도록 도와야 합니다.

3. 실수와 실패에 민감하지 않고 다시 도전하도록 돕습니다.

"대저 의인은 일곱 번 넘어질지라도 다시 일어나려니와 악인은 재앙으로 말미암아 엎드러지느니라."(잠언24:16절)

자녀의 실수와 실패에 민감한 그 부모의 자녀는 다시 도전 할 수 없습니다. 자신감을 가지고 일어날 수 있도록 지지해 주는 사람은 부모입니다. 사명을 이루어가는 길에는 실수도, 실패도 있을 수 있다는 것을 가르쳐 주어야 합니다. 하나님께서 자녀의 길을 인도해 주실 것이라는 믿음을 전해 주어야 합니다. 부모의 태도와 말 한마디가 자녀의 인생을 바꾸는 동력이 될 수 있습니다.

💜 지니돌 이야기 💜

　저희 부부는 자녀들이 공부를 잘하여 1등을 하는 것이 목적이 아니라 스스로 공부를 해야 하는 목적을 알도록 하는 것에 집중을 하였습니다.

　그리고 아이들을 이 땅에 보내신 하나님의 선하신 계획을 발견하도록 말씀으로 인도를 해 주었습니다.

　기도 중에도 하나님께 물어보고, 설교 말씀을 들을 때에도 "하나님이 내 인생을 통해 하고 싶으신 것이 무엇인가"를 묻고 생각해 보라고 가르쳤습니다. 아이들은 대화를 할 때에도 자연스럽게 이와 관련된 이야기를 하기 시작했습니다. 그러나 그것이 무거운 부담이나 불평이 아니라 오히려 하나님을 기대하는 반응이 컸습니다. 하나님께서 자녀를 통하여 이루실 일들은 생각만해도 기대가 되고 가슴이 뛰는 일입니다.

어느 날, 아이가 학교에서 오더니 자신의 존재 목적은 하나님을 기쁘시게 하는 것이라고 말을 했습니다. 이것은 분명 "유레카"였습니다. 아이 스스로가 답을 찾도록 말을 해주지 않았는데 찾아 낸 것입니다.

그리고는 열심히 공부를 하기 시작했습니다. 하나님을 기쁘시게 하려면 학생이니까 열심히 공부를 해야한다는 것이었습니다. 공부를 하기 전에 기도를 하고 말씀을 한 장 읽고 공부를 하기 시작했습니다. 아무리 시험이 있고 바쁜 일이 있어도 이 순서를 건너뛰거나 잊지 않았습니다.

하나님께서는 이런 아이의 모습을 기억하시고 성적도 잘 받게 해 주시고 선생님들께도 사랑받게 해 주시며 친구들도 많아지도록 인도해 주셨습니다.

어느 날 아이에게 물었습니다.
어떻게 그것을 발견했냐구요.

아이는 그날도 여느 때와 마찬가지로 공부를 시작하기 전에 말씀을 보고 있었는데

"그런즉 너희가 먹든지 마시든지 무엇을 하든지 다 하나님의 영광을 위하여 하라."(고린도전서10:31절) 는 말씀이 보였다고 합니다.

자신이 존재하는 목적이 하나님의 영광을 위해서라는 말이 결국 하나님이 기뻐하시는 일을 해야겠다는 결심을 했다고 합니다. 그리고 아이는 무엇이든지 열심히 하고 기쁨으로 하기 시작했습니다. 이런 태도는 삶의 모든 부분에서 나타나기 시작했습니다. 예배를 드릴 때도 정성을 다하여 드리고 찬양을 할 때에도 다윗처럼 하나님을 높여 드리고 학교생활에서도 적극적인 태도로 즐겁게 지냈습니다. 자발적이고 능동적이며 열정을 가지고 지내는 모습이 행복해 보였습니다.

졸업을 하고 직업을 선택할 때도 하나님께서 자신에게 주신 은사를 가지고 다른 사람을 돕는 일을 선택했습니다.

모든 선택의 우선순위가 하나님의 영광을 위한 것이었습니다.

  부모는 자녀가 하나님으로부터 받은 사명을 잘 감당하도록 발견하고 지지하고 헌신하는 사람입니다. 아이들이 인생의 목적을 발견하도록 안내를 해 주었을 때 부모도 즐겁고 아이들도 행복한 열매를 맺게 되었습니다.

제8계명 : 사명에 헌신하라

「세례요한의 부모 사가랴와 엘리사벳」

Ⅰ. 말씀 기억하기

1) 자녀의 사명을 발견한 부모는 기쁨으로 헌신합니다.

2) 부모는 자녀가 사명을 감당하기 위해 거룩한 삶을
살도록 돕습니다.

Ⅱ. 결단하고 실천하기

1) 이번 과에서 느끼고 결단한 부분은 무엇인가요?

2) 이번 주에 실천할 부분은 무엇인가요?

제 9계명 ♥ 포기하지 말라
「 수로보니게 여인과 딸 」

아픈 자녀를 둔 부모는 간절할 수 밖에 없습니다.

수로보니게 여인의 이야기는 마태복음과 마가복음에 나올 만큼 부모의 중요성을 강조합니다. 부모가 자녀를 위해 해야 하는 인내와 겸손과 믿음을 잘 보여줍니다. 이방인이었던 어머니는 아픈 딸의 치유를 위해 예수님께로 다가가는 믿음과 용기를 보여주었습니다.

수로보니게 여인은 이방 사람으로 표현되어 있습니다. 이 당시 이방 사람들은 구원과는 거리가 멀거니와 선택받지 못한 백성이라는 인식이 있었습니다. 그래서 예수님께 가까이 가서는 안 되는 사람입니다. 그럼에도 불구하고 귀신 들린 딸을 치료받기 위해 예수님께 나아갑니다. 딸을 위한 어머니의 간절함이 사회적, 종교적 벽을 무너뜨리고 예수님께로 나간 것입니다.

자녀를 위한 부모의 사랑은 어떤 어려움 속에서도 용기가 나며 넘지 못할 높은 벽도 뛰어넘게 하는 힘이 있습니다.

여인이 어려움을 무릅쓰고 예수님께 다가갔건만 예수님은 의외의 말씀을 합니다.

"자녀의 떡을 취하여 개들에게 던짐이 마땅치 아니하니라."
(마가복음 7:27절)

사랑이 많고 모든 사람을 긍휼히 여기며 치유해 주시는 예수님께서 이토록 냉정하게 대하시는 모습에 서럽고 당황했을 것입니다. 그러나 수로보니게 여인은 예수님의 말씀을 겸손히 받아들입니다.

"개들도 아이들이 먹던 부스러기를 먹나이다"(마가복음 7:28절)고 대답합니다.

그리고 포기하지 않고 끝까지 예수님께 매달립니다. 마침내 예수님은 이 여인의 간청을 들어주시고 여인의 딸은 고침을 받게 됩니다.

자녀를 위해 포기하지 않고 자존심마저 내려놓은 어머니의 간절함이 자녀를 병으로무터 고침 받게 했던 것입니다.

포기하지 않는 믿음으로 나가면 용기를 주십니다.

수로보니게 여인은 이방여인이라는 선입견을 가지고 있었습니다. 이런 이미지 때문에 예수님께 다가갈 수도 없었을 테지만 수로보니게 여인에게는 그것이 문제가 되지 않았습니다. 딸을 위해 자신의 자존심이나 체면을 뒤로하고 예수님께 나아갔습니다. 자녀를 향한 극진한 사랑이 과감히 뛰어넘을 수 있는 용기를 주었던 것입니다. 자녀의 문제 앞에 간절한 부모의 마음을 하나님께서 아시고 성령님을 통하여 용기를 주십니다. 그러니 망설이거나 주저앉지 말고 담대하게 앞으로 나아가 문제를 해결하는 용기를 내시기를 바랍니다.

수로보니게 여인은 자신이 이방 여인이고 예수님의 도움을 받을 자격이 없음을 인정했습니다. 그리고 겸손하게 예수님의 도우심을 간청했습니다.

자녀를 양육하다보면 부모의 마음을 힘들게 하는 사람들을 만나게 됩니다. 또는 자녀를 향한 오해를 가지고 판단을 하는 사람들도 보게 됩니다. 그러나 부모는 자녀를 잘 되게 하는 사람이기에 겸손한 자세로 임해야 합니다. 내 자녀를 위해 배울 것이 있다면 겸손함으로 배우고 도움을 구하는 자세가 필요합니다.

여인은 예수님을 찾아가 문제를 해결하려고 했습니다. 부모는 자녀의 어려움을 무시하거나 외면하지 않고, 적극적으로 문제를 해결하기 위해 노력해야 합니다.

수로보니게 여인은 예수님의 말에 실망하거나 낙심하지 않고 계속 간청했습니다. 예수님의 말에 기분이 언짢아서 포기해 버렸다면 자녀의 고침은 볼 수 없었을 것입니다. 그러나 예수님이 병자들을 고칠 수 있는 분이라는 믿음이 있었기에 끝까지 인내하며 고쳐주시기를 기다렸던 것입니다.

자녀를 양육할 때 때로는 긴 시간의 인내가 필요할 때도 있습니다. 끝이 보이지 않을 것 같은 터널 속을 걷는 기분이 들 때도 있습니다. 그러나 이럴 때 부모가 예수님은 능히 하실 수 있는 분이라는 믿음을 가지고 인내할 때 열매를 보게 될 것입니다.

"우리가 선을 행하되 낙심하지 말지니 포기하지 아니하면 때가 이르매 거두리라."(갈라디아서6:9절)

자녀에게 포기하지 않는 믿음을 가르치는 방법

1. 부모가 먼저 본을 보입니다.

"부지런하여 게으르지 말고 열심을 품고 주를 섬기라 소망 중에 즐거워하며 환난 중에 참으며 기도에 항상 힘쓰며."

(로마서12:11-12절)

세상을 살다보면 포기하고 싶은 일들이 많습니다. 그러나 그럴 때 부모가 하나님의 말씀을 붙잡고 믿음으로 인내하는 모습을 보여주면 자녀도 따라 배우게 됩니다. 자녀는 부모의 뒷모습을 보고 배웁니다. 인내의 본을 보이는 것은 자녀에게 주는 인생 승리의 선물입니다.

2. 성경 인물을 통해 배우도록 합니다.

"형제들아 주의 이름으로 말한 선지자들을 고난과 오래 참음의 본으로 삼으라."(야고보서5:10절)

부모들은 자녀들이 어릴 때 위인전을 많이 읽힙니다. 그들을 통해 인생의 교훈으로 삼아 자라기를 바라기 때문입니다. 크리스천 부모는 성경 인물들을 통해 자녀들이 배우도록 가르쳐야 합니다. 성경에 나오는 수많은 인물들은 자녀들이 인생에서 겪을 모든 상황을 믿음으로 이겨 낸 사람들입니다. 그러므로 자녀들에게 연령에 맞는 가르침으로 성경 인물을 통해 배우도록 안내를 해 주어야 합니다.

3. 하나님께서 축복하심을 가르쳐야 합니다.

"우리가 선을 행하다가 낙심하지 말지니 포기하지 아니하면 때가 이르매 거두리라."(갈라디아서6:9절)

포기하지 않는 믿음으로 나가면 하나님께서 예비하신 길을 열어주신다는 것을 가르쳐야 합니다. 포기하지 않는다는 것은 마침내 이루실 하나님을 신뢰한다는 것입니다. 그리고 인내하며 가는 믿음에 성령님께서 힘을 주십니다. 그러니 부모는 자녀에게 준비된 하나님의 축복을 그려주며 함께 달려가야 합니다.

♡ 지니둘 이야기 ♡

큰 아이는 자랄 때 열이 많이 났습니다. 잘 놀다가도 밤이 되면 고열이 나곤 했습니다. 비상약을 준비해 두고 먹여 보았지만 소용이 없었습니다. 물수건을 해 보고 옷을 벗겨 바람을 쐬어주고 해 보지만 소용이 없었습니다. 그러면 마지막 단계는 응급실을 찾는 것입니다.

병원 응급실은 늘 만원입니다. 모두가 급하고 모두가 위급해 보입니다. 접수를 하고 순서를 기다리는 동안 아이는 칭얼거리다 지쳐 축 늘어집니다. 급하고 위급한 대열에 저희도 가세합니다. 마음과 입술에는 "주님 우리 아이 살려 주세요."를 간절히 외치며 발을 동동 구릅니다.

한 명 한 명 환자는 줄어들고 이제 곧 우리 아이 순서가 됩니다. 그런데 갑자기 다른 성인 환자들이 끼어들기 시작합니다.

환자를 안내하는 병원측 분들도 아무렇지도 않게 그분들을 침상으로 안내합니다. 나중에 알게 된 사실이지만 응급실은 순서보다 위급함을 진단하는 의사의 처방순이라고 합니다. 하지만 그런 것을 모르는 우리 부부에게는 우리 아이도 위급하기에 마음이 언짢아지기 시작합니다. 평상시에는 점잖고 신중한 남편도 아이의 진료가 미뤄지자 거칠게 항변을 하기 시작합니다.

그러나 병원으로부터 돌아오는 소리는 너무도 냉정하게 "기다리세요"한마디였습니다.

다른 병원으로 가야 하나, 소리를 더 크게 지르고 우리의 권리를 보장 받아야 하나. 수많은 생각이 머리를 스칩니다. 그때 제 마음속으로 성령님의 음성이 들려왔습니다.

"두려워말라 내가 너와 함께함이라, 놀라지 말라 나는 네 하나님이 됨이라, 내가 너를 굳세게 하리라, 참으로 너를 도와 주리라, 참으로 나의 의로운 오른 손으로 너를 붙들리라."(이사야 41:10절)

두렵고 다급한 마음이 갑자기 평안해졌습니다. 그리고 마비되었던 이성이 다시 자리를 잡고 어떻게 해야 할지 인도하시는 성령님의 손길이 느껴졌습니다.

남편을 진정시키고 아이 머리에 손을 얹고 기도를 했습니다.

그리고 간호사님께 기다리는 동안 응급처치를 할 수 있는 도움을 요청했습니다. 아이는 진정이 되고 치료를 받은 후 집으로 올 수 있었습니다.

제 9 계명 : 포기하지 말라

「수로보니게 여인과 딸」

Ⅰ. 말씀 기억하기

1) 아픈 자녀를 둔 부모는 간절할 수 밖에 없습니다.

2) 포기하지 않는 믿음으로 나가면 용기를 주십니다.

Ⅱ. 결단하고 실천하기

1) 이번 과에서 느끼고 결단한 부분은 무엇인가요?

2) 이번 주에 실천할 부분은 무엇인가요?

행복한 부모 십계명

10 믿음을 물려주라

제 10계명 ♡ 믿음을 물려주라
「디모데의 어머니 유니게와 할머니 로이스」

부모가 줄 수 있는 최고의 선물은 믿음의 유산을 물려 주는 것입니다.

신약 성경에서 신앙의 대를 이어가는 아름다운 가정의 대표적인 사람이 디모데입니다. 디모데는 이름의 뜻이 "하나님을 공경한 사람"인데 그 뜻처럼 하나님께 믿음으로 충성한 삶을 살았습니다. 디모데가 사도 바울로부터도 사랑을 받고 목회자로서도 모범적인 생활을 할 수 있었던 것은 성장 과정에서 신앙을 전수해 주신 할머니와 어머니가 있었음을 알게 됩니다.

사도 바울은 디모데를 칭찬함에 있어서 할머니와 어머니를 언급합니다.

"이는 네 속에 거짓이 없는 믿음이 있음을 생각함이라. 이 믿음은 먼저 네 외조모 로이스와 네 어머니 유니게 속에 있더니 네 속에도 있는 줄을 확신하노라."(디모데후서1:5절)

믿음으로 잘 성장한 자녀의 뒤에는 반드시 믿음의 본을 보여 준 부모가 있습니다.

디모데는 혼혈 가정에서 자랐습니다. 아버지는 헬라인이었기에 어머니의 신앙 교육이 더욱 빛난 것입니다. 당시 헬라 문화는 소아시아를 지배했고 소아시아의 사람들은 이미 헬라 문화의 영향을 받기 시작했습니다. 이 속에서 아버지가 헬라인이었기에 디모데도 헬라문화의 영향을 받을 수 있었지만 어머니 유니게의 헌신과 인내로 하나님 말씀 중심으로 자랄 수 있었습니다. 환경적으로나 문화적으로 차이가 났지만 하나님을 경외하는 신앙을 지키며 디모데의 신앙 교육을 했던 것입니다.

이런 가정 환경 속에서도 할머니 로이스와 어머니 유니게는 디모데에게 어려서부터 성경을 가르쳤습니다.

"또 어려서부터 성경을 알았나니 성경은 능히 너로 하여금 그리스도 예수 안에 있는 믿음으로 말미암아 구원에 이르는 지혜가 있게 하느니라."(디모데후서3:15절)

어려서부터 하나님의 말씀을 배우고 암송하고 그 말씀대로 실천하며 자란 디모데는 삶의 기준이 말씀이 되었습니다. 성품을 훈련할 때도 말씀이 중심이 되고 가치관을 형성할 때도 성경이 기준이 되었습니다.

이러한 환경에서 자란 디모데는 성장하여 많은 사람들에게 칭찬을 받습니다.

"바울이 더베와 루스드라에도 이르매 거기 디모데라 하는 제자가 있으니 그 어머니는 믿는 유대 여자요 아버지는 헬라인이라. 디모데는 루스드라와 이고니온에 있는 형제들에게 칭찬받는 자니,"(사도행전 16:1-2절)

바울은 2차 전도 여행 때 처음 디모데를 만났는데 첫인상이 많은 사람들에게 칭찬받는 사람이라는 것이었습니다. 그리고 그런 디모데 뒤에는 믿음을 지키며 신앙을 전수해 준 어머니가 있었음을 언급합니다.

믿음으로 자란 자녀는 예수님처럼 하나님과 사람 앞에 칭찬받는 삶을 살게 됩니다.

유니게와 로이스가 어려운 환경 속에서도 디모데를 말씀으로 키운것처럼 부모는 자녀에게 신앙을 유산으로 물려주는 것이 가장 중요한 것임을 기억해야 합니다. 부모가 자녀를 어떤 가치관으로 키울 것인가가 중요합니다. 세상적인 가치관으로 교육을 한다면 자녀는 신앙과는 멀어지는 인생을 살게 될 것입니다. 그러므로 부모가 신앙의 중심을 잡고 가는 것이 후대에까지 이어지는 축복의 열쇠입니다.

믿음의 유산을 자녀들에게 물려주는 것은 부모의 소원이자 책임입니다. 세상적인 부와 명예를 물려 준다고 한들 영원한 하늘의 보물을 물려주는 것과 비교가 되지 못합니다. 디모데의 할머니와 어머니는 이 비밀을 알았기에 어려운 환경에서도 디모데에게 신앙을 물려주었던 것입니다.

믿음의 유산을 물려주는 것은 하루아침에 간단히 되는 것이 아니기에 부모의 인내가 필요합니다. 자녀들의 성장 발달에 따른 신앙 교육이 이루어져야 하며 때로는 기다림과 간절한 기도로 무릎을 꿇어야 할 때도 있습니다. 그러기에 가정에 믿음의 유산이 가장 중요하다는 것을 알면 기도로 기다리게 됩니다. 하나님께서는 부모의 마음을 아시기에 반드시 자녀가 하나님께로 돌아와서 믿음을 이어받도록 도와주십니다. 포기하지 말고 하나님을 신뢰하며 오늘도 믿음의 본을 보이는 부모가 되기를 바랍니다.

신앙교육은 어릴 때부터 하는 것이 좋습니다.

신앙 교육은 어릴수록 좋습니다. 태교를 할 때 찬양을 들려주

면 아이가 태어나서 그 찬양에 반응하는 것을 보게 됩니다. 영아기에 말을 할 줄 모르고 들을 줄 모르는 것 같지만 성경 동화를 들려주면 아이는 뇌와 심장에 하나님의 말씀이 축적되기 시작합니다. 그리고 점점 자랄수록 말씀이 자녀를 양육하는 원동력이 되어줍니다.

어릴 때는 교회학교가 매우 중요합니다. 교회학교에서는 하나님 중심, 말씀중심 속에 하나님의 사랑을 배우고 예수님의 성품을 배우며 자랍니다. 교회학교에서 예배의 중요성을 배우고 하나님 말씀을 암송하고 자란 아이는 설령 청년기에 교회를 잠시 떠나더라도 교회학교 때 만났던 예수님을 기억하고 다시 돌아오는 확률이 높기 때문입니다. 내 자녀가 세속에 물들지 않고 하나님을 경외하는 자녀로 자라기를 원한다면 당장 교회학교로 보내는 것이 현명한 선택입니다.

교회학교 못지않게 가정에서의 신앙 교육도 중요합니다. 신앙은 지식 전수가 아닌, 부모의 신앙을 삶을 통하여 배우기 때문입니다. 신앙의 기초가 다져지는 곳이 바로 가정입니다.

가정에서의 신앙 교육의 방법은

1. 부모가 신앙의 본을 보여야 합니다.

"오직 말과 행실과 사랑과 믿음과 정절에 있어서 믿는 자에게 본이 되어."(디모데전서4:12절)

부모는 백마디 말보다 한 번의 행동을 통하여 교육을 합니다. 자녀는 부모의 신앙의 모습을 보며 자신의 신앙을 키워갑니다. 예배를 드리는 모습을 보고 자신의 예배관을 형성해 갑니다. 부모의 기도하는 모습 속에서 자신의 기도 속 하나님을 만나게 됩니다. 설교 말씀을 듣고 와서 가족에게 실천하는 부모의 모습을 보며 말씀의 열매를 맺어가는 것을 배웁니다.

2. 작은 실천도 칭찬과 격려를 해 줍니다.

"믿음이 그의 행함과 함께 일하고 행함으로 믿음이 온전하게 되었느니라."(야고보서2:22절)

요즈음은 말씀의 홍수 시대입니다. 교회뿐만 아니라 인터넷을 통한 설교가 폭포수처럼 쏟아집니다. 그러나 정작 중요한 것은 실천이 없는 지식적인 앎만 풍성해지고 있는 실정입니다. 부모는 가정에서 성경적인 지식을 전달하는 것이 아니라 말씀을 삶에 적용하고 실천하는 것을 가르쳐야 합니다. 그러나 자녀는 아직 미숙하기에 실천을 하다가 온전하지 못할 수도 있습니다. 말씀을 듣고 작은 실천 한가지를 했을 때에 감탄을 하며 칭찬하고 격려를 해 주는 것이 중요합니다. 행함이 있는 믿음은 빛과 소금으로 살아가는 자양분이 됩니다.

믿음의 유산은 말씀을 통한 양육으로 물려줍니다.

이스라엘의 신앙 교육을 "쉐마"라고 합니다. 유대인들은 하루에 두 번씩 말씀을 암송합니다. 이런 습관이 이스라엘 민족의 삶과 가치관에 영향을 미치게 됩니다.

"이스라엘아 들으라 우리 하나님 여호와는 유일한 여호와시니."(신명기6:4절)

"내가 네게 명하는 이 말씀을 너는 마음에 새기고 네 자녀에게 부지런히 가르치며…"(신명기6:6-7절)

유대인들은 아이가 태어나서 말을 하기 시작할 때 가장 먼저 가르치는 것이 신명기 6장 4절이라고 합니다. 그러므로 이스라엘의 자녀들은 태어나서 세상학문을 배우기 전에 성경을 가장 먼저 접하고 하나님 사랑을 먼저 배우게 됩니다. 어릴 때부터 하나님의 말씀을 읽고 암송하며 말씀대로 살아가도록 가르치는 것은 중요합니다.

디모데도 어릴 때부터 말씀을 읽고 배우며 하나님의 사람으로 성장한 것처럼 자녀들이 하나님의 말씀을 배우고 자라면 하나님께서 자녀들을 향해 가지고 계시는 뜻을 발견하고 그 길로 가게 됩니다. 비전의 사람으로 열방을 품고 하나님의 사명을 감당하는 인생을 살게 됩니다.

그 출발은 부모가 어려서부터 하나님의 말씀을 먹여주어 말씀을 등불 삼아 살아가도록 안내할 때 풍성한 열매를 맺게 됩니다.

말씀을 통한 양육의 방법은

1. 성경 이야기를 들려주고 이야기 속에서 하나님을
   만나도록 돕습니다.

2. 성경책을 자녀의 눈높이에 맞게 선물해 주고 소중히
   여기도록 가르칩니다.

3. 집 안에 자녀의 눈이 닿는 곳에 성경 말씀을 붙여 둡니다.

4. 주일에 들은 말씀을 각자 자유롭게 나누어 보도록
   합니다.

5. 가르치는 자세가 아닌, 은혜받은 것을 나누는 태도로
   합니다.

♡지니둘 이야기 ♡

　저희 가정은 여름과 겨울 방학이 되면 무척 바빠집니다. 다른 가정은 여행 계획으로 분주하지만 저희는 교회학교 캠프가 많이 기다리고 있기 때문입니다.

　먼저 아이들이 다니는 교회의 성경학교를 다녀와야 하고, 엄마가 사역하는 교회 캠프도 다녀와야 하고, 전국 단위로 하는 어린이 말씀 캠프가 있어서 그곳에도 다녀와야 합니다.

　모든 참여는 전적으로 아이들의 동의를 구하고 신청하여 참여하는 것입니다. 아이들이 성경학교와 캠프를 기다리는 이유는 찬양이 너무 신나고 기도하는 시간이 좋고 말씀을 듣는 시간이 재미있다는 것입니다.

　출발하기 전 아이들은 설레는 마음에 잠을 설치기도 합니다. 너무 감사한 것은 참여하는 곳마다 정성을 다하여 준비를 해 주시고 성령님의 강력한 역사를 경험하기 때문에 아이들뿐만 아이라 저 역시도 기다려지는 은혜의 시간입니다.

아이들이 유치부를 다닐 때부터 소년부를 마칠 때까지 이와 같은 여름은 한번도 빠지지 않는 저희 가정의 여름 풍경이었습니다.

중고등학생이 되고 청년부가 되어서는 엄마의 동행 없이 스스로 참여를 하고 말씀 앞으로 나아가는 모습을 보여 주었습니다. 대학생이 되어서는 큰 아이는 찬양팀으로 섬기고 작은 아이는 셀모임에 참여하는 등 능동적이고 적극적인 신앙의 성장을 이루어갔습니다.

대학생이 된 자녀들과 신앙의 많은 대화를 할 때는 감격스럽습니다. 청년기에 있다보니 말씀의 궁금증과 하나님의 마음 알기, 사회적인 문제 앞에 신앙으로 풀어가야 할 자세 등 성숙해 가는 모습을 보여줍니다.

아이들의 대화에서 공통적인 것은 잠시 흔들리는 믿음이 있다가도 어린 시절 성경학교와 캠프에서 들었던 하나님의 말씀이 다시 제자리로 돌아오게 한다는 것입니다.

힘들고 지친 시간 속에 장래가 불분명하여 불안할 때가 있을 때도 암송했던 하나님의 말씀이 마음 안에 떠올라 굳건하게 설 수 있다는 것입니다.

이제는 어엿한 성인이 되어 말씀을 묵상하고 나눌 때 부모를 감동시키기도 합니다. 부모의 동역자가 되어주니 감사할 뿐입니다. 말씀으로 자란 자녀는 하나님을 영화롭게 하고 부모에게는 기쁨을 선물로 줍니다.

제 10계명 : 믿음을 물려주라

「디모데의 어머니 유니게와 할머니 로이스」

Ⅰ. 말씀 기억하기

1) 부모가 줄 수 있는 최고의 선물은 믿음의 유산을 물려
   주는 것입니다.

2) 신앙교육은 어릴 때부터 하는 것이 좋습니다.

3) 믿음의 유산은 말씀을 통한 양육으로 물려줍니다.

Ⅱ. 결단하고 실천하기

1) 이번 과에서 느끼고 결단한 부분은 무엇인가요?

2) 이번 주에 실천할 부분은 무엇인가요?

어린 시절을 돌아보면 우리 집은 늘 교회 가까이 살았던 기억이 있습니다. 어머니께서는 새벽 기도를 한 번도 빠지지 않고 다니셨고 교회를 다녀오셔서는 저희들 머리에 손을 얹고 기도를 해 주셨습니다. 잠결에 들리는 엄마의 소곤거리는 기도 소리가 하루를 보장해 주는 든든함이었습니다.

교회가 집에서 가까웠기 때문에 우리 형제들의 놀이터는 교회였습니다. 학교를 마치고 난 후에도, 주일에도 늘 열려 있는 교회에서 시간 가는 줄 모르고 지냈습니다. 그러다 보니 성장기의 추억은 교회와 함께였습니다.

어머니는 예배가 있는 날은 1시간 먼저 가셔서 창문 커튼을 열고 환기를 시키시고 목사님 설교하실 강단을 닦고 주보도 바르게 정리를 하시며 이곳 저곳을 살피셨습니다. 그 모습이 어릴 때는 창피했습니다. 관리 집사님도 계시고 교역자들도 있는데 굳이 어머니가 그렇게 하는 것이 민망하기도 했습니다.

그러나 지금 교역자의 자리에 있다보니 그 손길 하나가 얼마나 소중하고 감사한지 어머니 떠난 지금에야 느끼게 됩니다.

어머니는 신앙생활을 직접 몸으로 보여 주셨습니다.

어린 자녀들에게 기도가 얼마나 소중한지를 알려주기 위하여 전교인 40일 새벽기도를 승리하는 모범을 보여주셨고, 가정에 일이 생기면 세상적인 방법보다 먼저 하나님께 무릎을 꿇고 기도하며 하나님의 도우심을 구하는 모습을 보여 주셨습니다.
그리고 우리가 고민이나 투정이나 무슨 말을 할지라도 어머니에게서 들려오는 답은 오직 "하나님께 기도해라."였습니다.

어머니는 삶이 예배이고, 믿음이고, 신앙이었습니다.

신학의 길을 가면서 주신 소명은 "다음 세대 신앙을 세우고 가정을 회복하라."는 것이었습니다. 그래서 신대원을 먼저 가지 않고 기독교 교육대학원을 먼저가서 모든 교육이 기독교적 세계관으로 정립되는 길을 모색했습니다. 그 가운데 가정이 중요한 부분을 차지하는 것을 발견했습니다.

신대원에서 신학을 공부하며 기독교 교육과 신학이 접목된 원리를 통하여 하나님의 나라가 가정에 이루어지는 길을 찾아가고자 했습니다.

교회학교에서 만나는 아이들은 영적인 자녀로 맺어주셨기에 소중하기만 합니다. 부모님의 신앙이 좋아서 믿음의 유산을 물려주고자 보내는 가정도 있고, 부모님 중 한 분만이라도 신실한 믿음으로 아이의 신앙을 지켜주고자 교회로 오시는 분도 있고, 부모님은 신앙이 없지만 조부모님의 안타까운 신앙 대 잇기를 위한 간절함으로 아이 손을 붙잡고 오시는 분도 있습니다. 또 가정에 아무도 믿는 어른이 없지만 친구를 따라 홀로 신앙의 1대를 꿋꿋하게 이어가는 아이도 있습니다.

모든 아이들을 교회의 영적 자녀로 보내 주셨기에 아이들이 교회에서 만나고 경험하고 만나고 배워가는 하나님 사랑과 예수님의 은혜와 성령님의 함께 해 주시는 기쁨 안에서 잘 자라기를 바라며 최선을 다하여 양육합니다.

그러나 교회에서 아무리 선생님들이 정성을 다하여 양육해도 가정에서의 협조가 이루어지지 않으면 마귀는 6일 동안 세상에서 아이들을 유혹하여 버리고 맙니다. 이런 모습을 볼 때면 안타까운 마음을 금할 길이 없습니다.

아프리카 속담에 "한 아이를 키우기 위해서는 온 마을이 필요하다."는 말이 있습니다. 한 명의 아이가 잘 자라도록 마을이 함께하고 나라가 함께하는 관심과 집중이 필요하다는 것입니다.

하물며 하나님께서 하나님의 형상을 닮은 우리 아이를 이 땅에 보내주시고 행복하게 잘 자라도록 돕는 손길로 가정과 교회를 붙여 주셨으니 주신 사명을 잘 감당하는 교회와 가정이 되기를 소망합니다.

아이를 낳고 양육을 하면서 어머니의 신앙교육을 많이 생각하게 되었습니다.

결코 쉽지 않은 길이었을텐데 한 길을 걸어가신 모습이 고귀해 보였습니다. 그리고 어머니가 남겨 주신 신앙의 유산을 저희 자녀들에게도 물려 주고 싶었습니다. 그리고 열심히 배우고 기도하며 그 길을 가고 있습니다.

바빠도 포기할 수 없는 길이 부모의 길입니다. 힘들다고 남에게 양도할 수 없는 것이 부모와 자녀의 관계입니다. 하나님께서 우리를 포기하지 않고 끝까지 손을 붙잡고 인내하며 가신 것처럼 우리도 우리 자녀를 그렇게 사랑하고 인내하며 가는 부모가 되길 소망합니다.

오늘도 하나님께서는 성경 속의 부모들의 길을 보여주시며 말씀하고 계십니다.

우리도 할 수 있다고. 우리도 갈 수 있다고....

왜냐하면 우리가 하는 것이 아니고

주님께서 함께 해 주시기 때문이라고.

"내게 능력 주시는 자 안에서 내가 모든 것을 할 수 있느니라."

(빌립보서4:13절)